AF542108

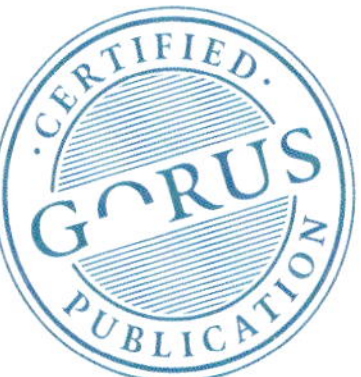
·CERTIFIED·
GORUS
PUBLICATION

Adrienne Speidel

DAS GEHEIMNIS WAHRER REITKUNST

Wie Sie mit Ihrem Pferd verschmelzen und ein unschlagbares Duo werden

INHALT

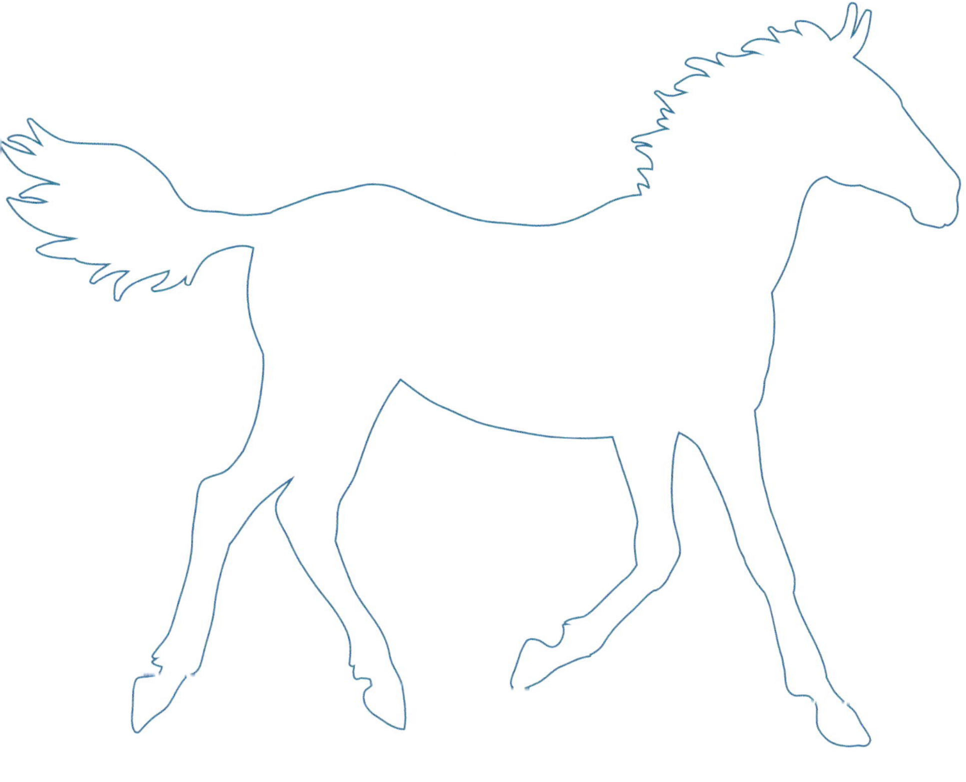

Für Mami.

Weil du mich gelassen hast, wie ich bin und mich ermutigt hast, die Pferde so zu nehmen, wie sie sind.

PROLOG

Bis zu meinem vierten Lebensjahr war ich überzeugt davon, dass ich ein Pferd bin. Kein Wunder: Ich bin mit Pferden gross geworden. Mein ganzes Leben war ich von Pferden umgeben, habe ganze Tage im Stall verbracht und bin mit Gummistiefeln auf der Weide zwischen den Pferden herumgehüpft.

„Mami, du musst mir Pferdeohren basteln!" forderte ich meine Mutter eines Tages auf. Da war ich vielleicht fünf oder sechs Jahre alt. Sie lachte nur: „Warum denn?" „Na, damit wir uns verstehen!" Ich war fest davon überzeugt, dass mir die Ohren fehlen, um mit meinen Lieblingstieren kommunizieren zu können.

Mir war generell wichtig, dass mich meine Umwelt versteht. Ich erinnere mich noch an Heulkrämpfe, regelrechte Tobsuchtsanfälle, wenn jemand einfach nicht kapierte, was ich meinte. Vielleicht wollte ich deshalb umso mehr meine Pferde verstehen.

Ich weiss gar nicht mehr, ob mir meine Mutter damals tatsächlich Pferdeohren gebastelt und angeklebt hat. Unabhängig davon ist mir heute natürlich klar: Die Ohren hätten nicht gereicht. Denn der Mensch ist kein Pferd und ein Pferd ist auch kein Mensch. Die Sprache ist eine andere. Doch die Verbindung zwischen Pferd und Reiter ist ausschlaggebend für den gemeinsamen Erfolg. Das musste ich erst lernen.

Pferde sind noch immer meine absolute Leidenschaft, aber die Beziehung zu ihnen ist heute bewusster, tiefer und reifer. Ich glaube eine wesentliche Säule meines Erfolgs als Westernreiterin im Spitzenbereich ist meine Philosophie, welche ich von den Pferden gelernt und für mich entwickelt habe.

Der Weg bis zur Vizeeuropameisterin war ein langer. Ein steiniger Weg, mit vielen Niederlagen und Rückschlägen – aber ohne diese Hindernisse wäre ich nicht da, wo ich heute stehe. Bei dieser Entwicklung haben mich viele erfahrene Profisportler und Trainer begleitet und inspiriert. Diesen Menschen bin ich ebenso dankbar wie meiner Familie und meinem Team, die mir den Rücken freihalten, mich fordern, tragen und unterstützen.

Blindes Verstehen

Seit 2013 führe ich den Hof Hotwiel, auf dem ich aufgewachsen bin. 17 Pferde, 17 verschiedene Persönlichkeiten betreuen mein Team und ich Tag für Tag. Und mit jedem Pferd lerne ich wieder etwas dazu. Lerne, mich und mein Verhalten, meine Kommunikation mit diesen Tieren zu hinterfragen und mich auf die Tiere einzulassen.

Denn das ist meiner Meinung nach ein wichtiger Schlüssel beim Reiten, nicht nur in meiner Disziplin, dem Reining. Im Reining geht es um Schnelligkeit und Präzision. Je mehr sich Pferd und Reiter aufeinander einlassen, desto stärker das Vertrauen und desto besser die Leistung. Die Bindung zum Pferd ist entscheidend, ein blindes Verstehen, ein blindes Vertrauen.

Ich bin davon überzeugt, dass diese Beziehung zwischen Reiter und Pferd in jedem Reitsport stimmen muss, um langfristig und kontinuierlich gute Erfolge zu erreichen.

Mein Ziel ist es, dass alle Reitsportler eine bessere, eine bewusstere Beziehung zu ihren Pferden aufbauen – um so ihre sportlichen Erfolge zu pushen. Deswegen beschränke ich dieses Buch auch nicht auf das Reining, sondern berichte meine Erfahrungen mit Pferden generell und übertrage meine Erkenntnisse und Beobachtungen auf den Reitsport allgemein.

Mir ist es ein Anliegen, dass noch mehr Menschen diese Leichtigkeit erleben, die durch eine gesündere Beziehung zu dem Pferd entsteht. Dass das Wohl der Tiere im Sport im Vordergrund steht. Denn der sportliche Ehrgeiz und das Tierwohl stehen für mich in keiner Konkurrenz zueinander. Ich erlebe selbst jeden Tag, dass es zusammengeht. Dass gesunde Pferde, die eine gute Beziehung zu ihren Reitern haben, auch das Maximum an Leistung erbringen, über sich selbst hinauswachsen können. Wenn ich meine Philosophie, die ich im Laufe meiner Karriere in über 20 Jahren entwickelt habe, mit Ihnen teilen kann und so ebenfalls zu einer besseren Beziehung zwischen Ihnen und Ihren Pferden beitrage, dann freue ich mich und bin auch ein bisschen stolz.

Mit diesem Buch will ich Ihnen neue Perspektiven und Sichtweisen öffnen. Sie ermutigen, neue Wege zu gehen und alte Denkmuster zu lösen. Um Ihr Potenzial – und das Ihres Pferdes – voll auszuschöpfen!

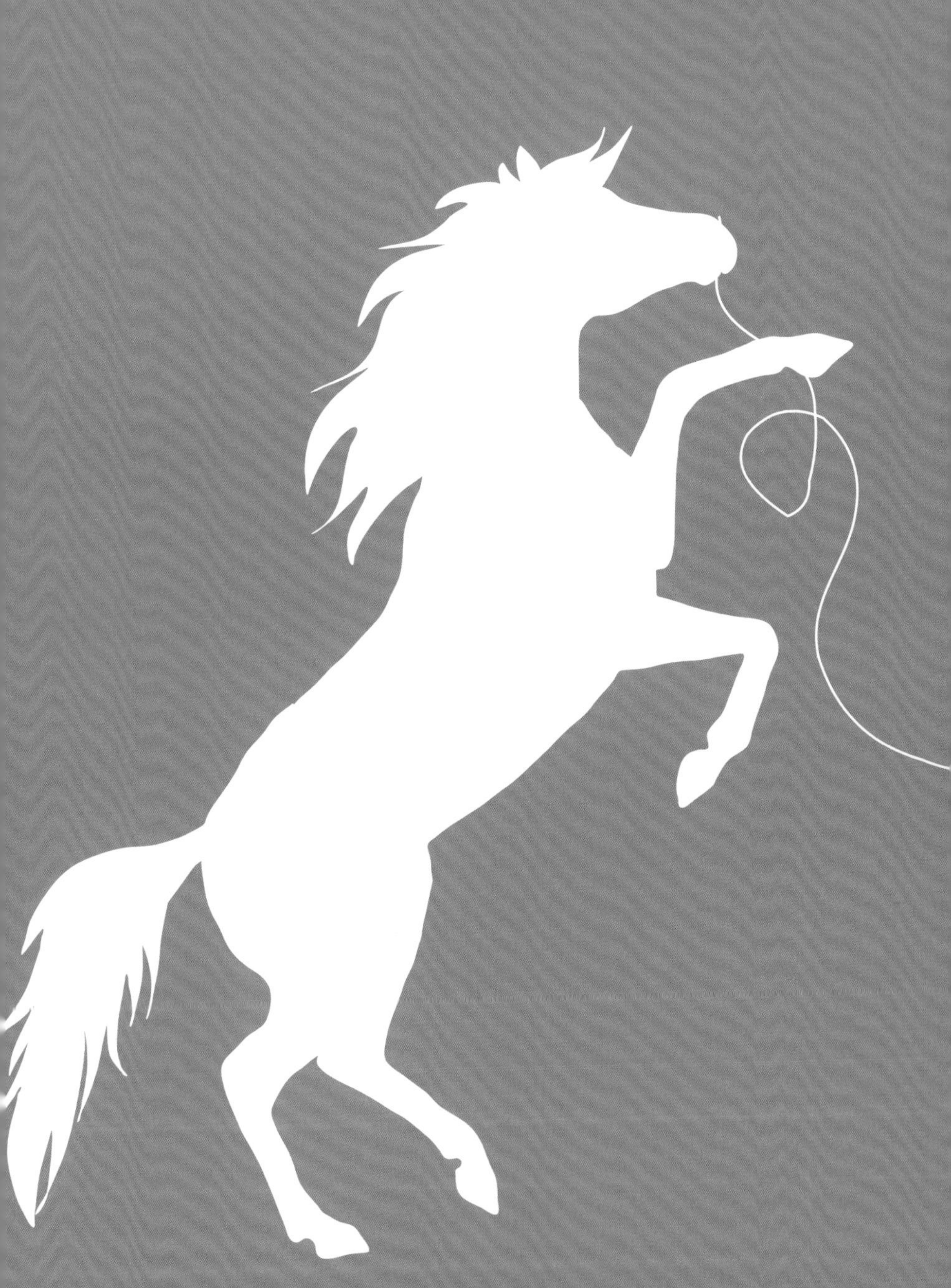

TEIL 1

FESTGEHALTEN

KAPITEL 1: Mein Sportgerät

A Hollywood All Star. So hiess mein Pferd. Und bei so einem Namen kann doch gar nichts schief gehen. Da muss doch alles so laufen wie geplant ... FEI Europameisterschaft im Juli 2011 in Österreich. Wiener Neustadt. Ich war Teil des Schweizer Kaders. Die Erwartungen waren hoch. Vor allem bei mir. Ich wollte den Erfolg unbedingt. Und All Star schien mir alles zu haben, was ich für diesen Erfolg brauchte. Ein Mega-Pferd. Ein Hengst mit Talent. Was uns ja auch ins EM-Team gebracht hatte. Und nicht nur ich sah uns beide schon als das nächste Superstar-Team in unserem herrlichen Sport, dem Reining. Mit Medaille um den Hals kehre ich nach Hause, nach Hotwiel, zurück ... So mein Traum. ‚Das muss doch funktionieren ... Wir sind ein unschlagbares Team!'

Damit Reiten eine Zukunft hat

Nun: Es funktionierte nicht. Aus war es mit diesem *„Hollywood-Traum"* eines EM-Erfolgs. Wir waren kein unschlagbares Duo. ‚*All Star* funktioniert nicht!', so dachte ich damals frustriert. Weil das Pferd es nicht schaffte, im Wettkampf sein Potenzial abzurufen. Das zu zeigen, was ich mit ihm in der Zeit zuvor so hart trainiert hatte.

Doch nicht mein Pferd war das Problem, wie ich heute weiss – sondern ich. Mein Denken. Mein Verständnis für mein Pferd. Und ich weiss mittlerweile aus erster Hand: Mein Problem von damals haben viele andere Reiter auch. Quer durch alle Disziplinen des Reitsports. Und wo ein Problem lauert, da sind leider noch mehr …

Ich liebe es, zu reiten. Ich kenne kein anderes Leben als eines mit Pferden. Ich kann nicht ohne sie leben. Will ich auch nicht. Und ich habe dabei so viel gelernt, nicht nur für den Sport, sondern auch fürs Leben. Deswegen schreibe ich für Sie dieses Buch. Und weil ich eh weiss, dass mir das immer wieder rausrutschen wird, möchte ich dieses *„Sie"* gleich mal lassen und Sie duzen. Hallo liebe Leserin, hallo lieber Leser, ich bin Adrienne. Und ich erzähle dir von meinen Erlebnissen und Beobachtungen mit den herrlichen Geschöpfen, die uns so bereichern. Schreibe dir von meinen Fehlern und meinen Erfolgen, von ein paar Aha-Momenten, die einen anderen Menschen, eine andere Reiterin, und ich würde sagen, eine erfolgreichere Reiterin, aus mir gemacht haben.

> *Ich kenne kein anderes Leben*
> *als in der Nähe von Pferden.*
> *Und ich kann nicht ohne sie leben.*

Weil ich davon überzeugt bin: Wir brauchen ein Bewusstsein, ein Verständnis von uns als Reiter, von unserem Gegenüber, dem Pferd. Damit es uns, damit es den Pferden besser geht. Damit unser schöner Sport eine Zukunft hat.

Übertreib es nicht mit dem Ehrgeiz

Dabei sehe ich aber auch ein paar Gefahren.

Für eine dieser Gefahren bin ich ein super Beispiel: Weil ich Erfolg cool finde. Ich bin ambitioniert. Sportlerin halt. Gewinnen finde ich toll. Absolut. Nicht toll allerdings ist es, wenn ich es mit dem Ehrgeiz übertreibe – und dabei etwas tue, was ich damals mit All Star getan habe: Ich habe mein Pferd zu einem Sportgerät gemacht. Zu einem Tool, das nur einen Zweck hat: für meinen Erfolg zu sorgen.

Deswegen habe ich es übertrieben mit dem Training in der Vorbereitung, habe beim Turnier zu viel gedreht, zu viel galoppiert, zu viel gestoppt, einfach weil mein Fokus ausschliesslich auf meinem Erfolg lag. Null Empathie fürs Tier. Das muss doch jetzt funktionieren … Mein Ehrgeiz hat meine Liebe zum Pferd völlig zur Seite gedrängt. Ich habe weder mich noch das Pferd gespürt. Bin total in so eine Sachlichkeit gerutscht: Mein Pferd war halt mein Sportgerät.

Und leider erkenne ich mittlerweile, dass viel zu viele Reiter Pferde genau als das ansehen: als Werkzeug für den eigenen Ehrgeiz, für den eigenen Erfolg. Ich beobachte Szenen auf einem Turnier, die nehmen das Pferd, gehen zum Abreiteplatz, setzen sich drauf – und die Pferde müssen für die Reiter wie auf Knopfdruck funktionieren. Wie eine Maschine. Nicht wie ein Partner, der atmet und lebt. Dabei vernachlässigen sie zum Beispiel das Aufwärmen. Sie verlangen immer 120 Prozent vom Tier. Vollgas. Und Volldruck.

Und wenn sie fertig sind und das Tier hart gearbeitet hat und atmet wie ein Marathonläufer – dann wird nicht aufs Auslaufen geachtet, damit der Puls runterkommt. Die springen einfach runter und geben das Pferd dem Pferdepfleger, der das Pferd dann versorgt.

Solche Reiter setzen sich auf ein Pferd wie auf ein Sportgerät, machen ihre Übungen, trainieren auf was immer sie Bock haben und wenn sie fertig sind, steigen sie wieder runter. Wo bleibt da die Verbindung? Wir machen doch Sport mit einem Tier! Keinem Ding.

*Wir machen Sport mit einem Tier!
Keinem Ding.*

Wer so reitet, erkennt das Pferd nicht als ein Individuum mit einem eigenen Charakter, das Respekt verdient. Sondern als ein Objekt. Und woran liegt das? Ich glaube ja am Geld ...

Geld verstärkt den Charakter

So schlimm sich das auch anhört, ich denke, das Geld, vor allem das Preisgeld, ist ein Problem. Weil die Aussicht auf Gewinne eben genau den Ehrgeiz und den Egoismus pusht, der aus einem Tier ein Ding macht. Für die Besitzer, für die ehrgeizigen Reiter: Die Gefahr ist gross, Pferde zum Mittel zum Zweck zu machen, um damit mehr und mehr Geld zu verdienen. Und dann steigt der Druck auf Reiter und Pferd: ‚Hey, jetzt müsst ihr aber auch gewinnen!' Wer auf diesen Weg eingeschwenkt ist, der hat schnell nur noch die Dollarzeichen in den Augen.

Verstehe mich bitte richtig: Ich will das Geld und Preisgeld nicht pauschal verteufeln, unser schöner Sport, die Aufzucht und Pflege von Pferden, kommt ohne Geld nicht aus. Aber ich will auch nicht die Augen davor verschliessen, dass die Gier nach Geld uns Menschen anscheinend leider blöd macht, wenn wir das zulassen. Und wenn das geschieht, dann leiden unsere Pferde. Und ich finde: auch wir. Weil wir dadurch all das Schöne verpassen, was wir erleben und spüren können, wenn wir unseren Sport anders betreiben. Wenn du erlebst, wie es ist, mit deinem Pferd zu verschmelzen und ihr zusammen ein unschlagbares Duo werdet.

Ich wünsche mir, dass viel mehr Reiter das erleben können. Sich nicht verführen lassen, sich nicht von ihrem Ehrgeiz, ihrem Egoismus dazu bringen lassen, ihr Pferd nur als Mittel zum Zweck zu sehen.

Ich wünsche mir, dass viel mehr Reiter das erleben können. Sich nicht verführen lassen.

Dafür braucht es in unserem Sport einen neuen Ansatz. Eine andere Art von Bewusstsein, was das Verhältnis von Reiter und Reittier angeht.

Wir werden beobachtet

Mit meinem Buch will ich den Blick öffnen und dir ein wenig den Weg schmackhaft machen, den ich seit ein paar Jahren einschlagen durfte. Ein Weg, der für die Pferde besser ist und auch mich zu einer erfüllteren Person macht.

Ein Weg, von dem ich glaube, dass er für die Zukunft unseres Sports wichtig ist. Weil wir beobachtet werden. Der Pferdesport ist im Fokus, um den Tierschutz zu gewährleisten. Die Medien haben Reiter im Blick.

Es wird immer schwieriger, als Reiter unterwegs zu sein. Sportreiter werden schneller beschuldigt, nicht gut für die Pferde zu sein. Das sollte uns klar sein. Wenn du auf einem Turnier reitest, wirst du beobachtet. Wenn du in der Öffentlichkeit reitest, wirst du beobachtet.

Es wird immer schwieriger,
als Reiter unterwegs zu sein.

Deswegen wünsche ich mir so sehr, dass noch mehr Reiter verstehen, dass ihre Pferde keine Sportgeräte sind. Dass sie mit ihrem übertriebenen Ehrgeiz den Pferden, sich selbst und auch unserem Sport schaden.

Je mehr von uns umdenken, umso mehr Akzeptanz wird unser schöner Sport haben. Umso mehr Freude werden Tiere und Menschen in ihrem Leben haben.

Das hat mit wahrer Reitkunst nichts zu tun: Wenn wir im Egoismus stecken bleiben und unseren Pferden um jeden Preis zeigen wollen: Ich bin der Chef, ich sage, wo es langgeht …

KAPITEL 2: *Ich sage, wo es langgeht*

Die Zeit wird knapp. Und all die Mühe, die viele Arbeit – sie scheint umsonst gewesen zu sein. Ausgerechnet jetzt, so kurz vor dem grossen Turnier, verweigert sich dein Pferd. Es macht nicht mehr das, was ihr monatelang trainiert habt. Die Signale, die du sendest, scheinen bei dem Pferd nicht anzukommen. Irgendetwas blockiert eure Kommunikation. Dein Partner spielt nicht mehr mit. Und du?

Du spürst, wie der Druck immer grösser wird. Was machst du jetzt? Panik steigt auf. Verzweiflung macht sich breit. Dir ist klar: Dein Pferd ist offensichtlich noch nicht bereit. Aber das Turnier wartet nicht auf euch.

Verschieben ist nicht möglich. Absagen ausgeschlossen. Es muss doch irgendwie funktionieren, es muss einfach!

Mitdenken? Unmöglich!

Reiter, die sich in solchen Situationen befinden, stehen enorm unter Stress. Viele gehen dann dazu über, den Druck auf das Pferd zu erhöhen. Sie geben Befehle – das Pferd muss sie ausführen. Frei nach dem Prinzip: Ich sage dir, wo es langgeht.

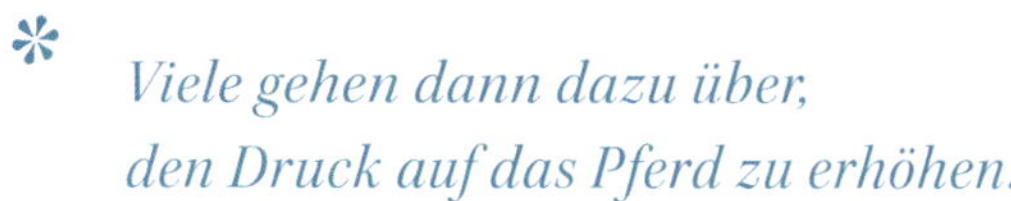

Viele gehen dann dazu über, den Druck auf das Pferd zu erhöhen.

Mitdenken? Unmöglich! Diesen extrem autoritären Umgang kannst du nicht nur auf dem Reitplatz beobachten, sondern auch beim Umgang mit Kindern. Du kennst es vielleicht aus Erzählungen oder hast es sogar selbst früher in der Schule erlebt. Dort herrschte ein ganz anderer Ton als heute: Die Kinder hatten still zu sitzen, der Lehrer gab vor, wie die Hände zu liegen hatten. Schon einen Vogel dabei zu beobachten, wie er vor dem Fenster von einem Ast zum anderen hüpfte, war ohne Tadel durch den Lehrer nicht möglich.

Und wohin führte das? Zu traurigen Kindern, die ihre Kreativität und Fantasie nicht ausleben können. Zu Kindern, die häufig krank sind, ungern in die Schule gehen. Zu Erwachsenen, die nie gelernt haben, selbstständig zu denken.

Nicht anders ist es bei Pferden. Werden sie zu Befehlsempfängern degradiert, verkümmern sie. Wenn ich in einen Stall komme und Pferde mit hängenden Köpfen sehe, die kaum auf ihren Reiter reagieren, sich sogar abwenden, dann stimmt etwas nicht.

❊ *Diese Pferde wurden hirntot gemacht!*

Es gibt Pferde, die dürfen nicht einmal den Kopf drehen, um sich umzuschauen oder um herauszufinden, woher bestimmte Geräusche kommen.

Hier hat der Reiter sein Ego auf Biegen und Brechen durchgesetzt, sein Wille zählt. Und das Pferd muss spuren. Es wird gezwungen, seine natürliche Neugier abzuschalten und seine Instinkte zu ignorieren. Ich muss es so drastisch sagen: Diese Pferde wurden hirntot gemacht!

Nicht mein Sport

Oft sind Reiter mit dieser Haltung dennoch erfolgreich. In so einem Team funktioniert das Pferd lediglich als Sportgerät. Für mich ist das vollkommen falsch. Und ich bin davon überzeugt, dass der Pferdesport der Zukunft ganz anders aussehen sollte.

Wohin zu viel Druck führt, wissen ja auch Arbeitnehmer in engen Hierarchien mit streng einzuhaltenden Befehlsketten viel zu gut. In so einem Arbeitsverhältnis ist kein Platz für eine gute Beziehung. Niemand wird gefördert oder kann sich weiterentwickeln. Und das wirkt sich aus: Zu viel Druck mag eine Zeit lang zu Erfolg führen, schlussendlich macht er aber unendlich müde und erschöpft. Das ist bei Menschen und Pferden so. Dass in einem Team ein Partner seinen Kopf ausschalten muss, quasi hirntot auf Anweisungen reagiert, ist für mich einfach unvorstellbar.

Wohin all dieser Erfolgsdruck führt, das sehe ich regelmässig bei grossen Turnieren: Erstklassige Pferde und super Reiter gehen leer aus. Warum?

Weil sie kurz vorher noch bei kleineren Turnieren angetreten sind und dort Vollgas geben. Die Pferde sind so schon vollkommen erschöpft, bevor sie überhaupt den Startschuss zum grossen Turnier hören.

Aber wie schaffst du, deine Pferde so zu behandeln, dass sie nicht einfach nur funktionieren müssen? Ein wichtiger erster Schritt ist, dem Pferd genügend Raum zu geben, indem es einfach nur Pferd sein darf. Aber ich weiss auch: Als Sportler stehen wir selbst unter Druck. Da können wir nicht ganz locker sagen: *„Jeden zweiten Tag ruhen mein Pferd und ich uns aus!“*

Dem Pferd eine Pause zu gönnen, erfordert viel Mut und Offenheit. Es bedeutet nämlich, alte Muster über Bord zu werfen, den Charakter des Pferdes anzuerkennen und ihm Freiraum zu lassen. Ich halte diesen Schritt für enorm wichtig. Denn nur so kann das Pferd sein ganzes Potenzial entfalten, seine Leistung voll abrufen.

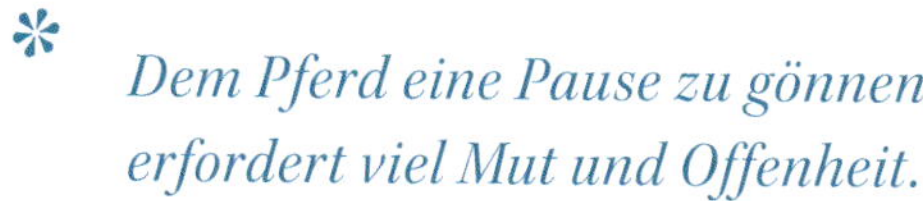

Warum trauen sich so viele Reiter nicht, den Druck zu verringern und halten an ihren alten Mustern fest? Natürlich gibt es Typen, denen das Wohlergehen ihres Pferdes egal ist. Die allermeisten Reitsportler aber lieben ihr Pferd ... und wissen es einfach nicht besser. Das Problem ist das fehlende Wissen und Einfühlungsvermögen im gesamten System; sowohl was den Umgang mit und auf dem Tier, als auch die Haltung betrifft.

Ich habe als Kind auch noch gelernt: ‚Ein Sportpferd kommt nicht auf die Koppel! Sie könnten sich verletzen, das ist viel zu gefährlich.' Später hiess es dann: ‚Doch, Sportpferde dürfen nach draussen, aber nur für eine Stunde am Tag.' Mit meinem Wissen von heute kann ich bestätigen, dass es auch anders geht. Zumindest ist das Wissen verfügbar, wir müssen nur darauf zugreifen.

Eine Frage der Haltung

Vor 100 Jahren, da war es das Normalste der Welt, dass ein Pferd einfach irgendwo angebunden stand. Dort hat es gefressen und getrunken – wenn es nicht gerade auf dem Feld gearbeitet hat. Vor 50 Jahren wurden Pferde nur in einer Box gehalten. Ohne Weide oder Auslauf. Zum Glück hat sich das Tierschutzgesetz durchgesetzt und die meisten Pferdehalter denken heute anders. Trotzdem leben noch einige Pferde wie vor 50 Jahren.

Einige Pferde müssen heute immer noch so leben, wie es vor 50 Jahren üblich war.

Heute sehe ich, wie Pferdehalter neue, wunderschöne Ställe bauen. Und die Pferde? Stellen sie in eine Box ohne Fenster, ohne Tageslicht.

Dann holen sie sie raus, arbeiten volle Pulle, nur auf dem Sandboden in der Halle – und stellen das Pferd danach wieder ab.

Alleine, eingesperrt auf engstem Raum. Wie einen Barren oder ein Fussballtor, das nach Gebrauch wieder versorgt wird. Diese Pferdehalter möchte ich fragen: *„Wenn du schon viel Geld investierst, warum nicht gleich in einen Paddock, wo das Pferd ein- und ausgehen kann?"*

Ich lasse meine Pferde im Sommer und Herbst inzwischen zwölf Stunden auf der Weide – teilweise in Gruppen, damit sie Kontakt zu Artgenossen haben. Die anderen zwölf Stunden verbringen sie in der Box mit anschliessendem Paddock. So können sie sich zurückziehen und bekommen genügend Schlaf. Die Leistung meiner Pferde zeigt mir, dass ich mit der Art der Haltung nicht auf dem Holzweg bin. Ich bin überzeugt davon, dass sich Pferde viel gesünder und länger halten, wenn sie richtig gehalten werden: mit genug Auslauf, mit Sozialkontakt zu anderen Pferden und Ritt auf unterschiedlichen Böden, in unterschiedlichem Gelände.

*

Ich bin überzeugt davon, dass sich Pferde viel gesünder und länger halten, wenn sie richtig gehalten werden!

Wenn ein Pferd die komplette Zeit eingepfercht im Stall auf Sägespänen steht, in der Halle auf Sand reitet, ist es nach vier Jahren Sport kaputt: Verschleiss an Knochen, Sehnen und Bändern. Genau das passiert, was die Halter eigentlich vermeiden wollen.

Aber ein Pferd ist eben kein Sportgerät, das du möglichst wenig *„verschleisst“*.

Es ist ein Lebewesen, das neben Höchstleistungen auch frische Luft, Sozialkontakt und Raum zur Erholung braucht.

Bestes Beispiel: Totilas, das Jahrhundertpferd im Dressursport, wurde absolut isoliert. Kein freier Auslauf, keine Bewegung, alleine in der Box – ein Riesenskandal und Aufschrei. War diese Haltung noch pferdegerecht?
Ich meine: Dieses Beispiel ist kein Einzelfall ... Auch ich habe schon live miterlebt, wie Grenzen überschritten wurden. Zum Leidwesen des Pferdes.

KAPITEL 3: *Wer nicht hören will, muss fühlen*

Deutlich zeichnete sich an der Pferdeflanke der Abdruck der Spore ab. Bei genauem Hinsehen erkannte ich, dass sich sogar schon eine blutende Wunde gebildet hatte. Der Reiter schien darauf nicht zu achten. Immer wieder rammte er die Spore in den Bauch des Pferdes. Ohne Rücksicht auf Verluste absolvierte er sein Programm. Weiter. Schneller. Konzentration! Das Pferd schnaubte, immer im Galopp ... In meinen Kopf schoss ein Gedanke: ‚Warum greift hier niemand ein?'

Ich war auf einem Turnier und wir bereiteten uns in der grossen Halle auf die Prüfung vor. Einen Reiter beobachtete ich dabei schon eine ganze Zeit. Immer wieder gab er seinem Pferd die Sporen, forderte das Pferd bis an die Grenzen. Einfach nur, um seine Idee umzusetzen. Mit aller Gewalt.

Es war ein technisch talentierter, junger Mann, aber Gefühl beim Reiten, sein Gefühl für das Pferd? Gleich Null. Und deswegen stoppte auch bald ein Aufseher den Reitsportler und verwies ihn der Halle. Als ich kurz darauf mit meinem Pferd in eine andere Halle wechselte, sah ich ihn jedoch wieder: Er machte in der kleineren Halle genau da weiter, wo er aufgehört hatte. Obwohl das Pferd blutete. Er hatte rein gar nichts kapiert. Er erkannte seinen Fehler nicht. In seinem Kopf war einzig und allein die Umsetzung seines eigenen Plans. Das Pferd muss mitmachen. Vollgas. Ohne Verschnaufpause. Hey! Ich glaube, solchen Typen wäre es sogar egal, wenn das Tier auf dem Turnier sterben würde.

> *Einfach nur, um seine eigenen Ziele umzusetzen. Mit aller Gewalt.*

Solche unschönen Szenen beobachte ich immer mal wieder auf Turnieren – bei den Profis und bei den Einsteigern. Oft ist es Unwissenheit. Manche Reiter sind vielleicht das erste Mal beim Turnier dabei, sind völlig überflutet von den Eindrücken, überfordert von ihrer eigenen Nervosität und dem Druck. Diese Einsteiger verstehen meistens gar nicht, was sie ihrem Pferd da eigentlich antun. Dass sie es quälen. Die Leistung langfristig sabotieren ... und das Pferd dadurch regelrecht *„kaputt“* reiten.

Grenzen setzen

Einmal war ich im Ausland auf einem kleinen Turnier für den Breitensport. Solche Veranstaltungen sind super, um meine Pferde für grössere Turniere vorzubereiten oder auszutesten, wie ein jüngeres Pferd in Turniersituationen drauf ist.

Vor diesem Turnier habe ich mit der Organisatorin des Events gequatscht und sie erzählte mir, was ich unfassbar finde: Weil zwei solche schwarzen Schafe auf der Teilnehmerliste standen, wurden extra für diese beiden berüchtigten Typen Stewards organisiert. Ein Mehraufwand von rund 1.500 € Budget – nur um aufzupassen, dass zwei Reiter ihre Pferde artgerecht behandeln und nicht gewalttätig werden.

Bis zum bitteren Ende

Ich finde es total wichtig, dass im Reitsport auf das Wohl der Tiere geschaut wird. Die Pferde brauchen einen Fürsprecher, denn sie selbst lassen sehr viel über sich ergehen. Es gibt leider Reiter, die nicht wissen, dass auch ein Pferd sich irgendwann nicht mehr konzentrieren kann. Sie reiten also immer weiter. Eigentlich ist das Pferd schon total erschöpft und trotzdem hängen sie noch mal eine Trainingseinheit von 30 oder 45 Minuten an. Der Reiter nimmt keine Rücksicht auf das Pferd.

Meistens passiert das gar nicht böswillig. Die Grenzen des Pferdes zu wahren erfordert viel Fingerspitzengefühl, denn das Pferd zeigt nicht eindeutig, dass es total am Ende ist. Es wehrt sich nicht. Es versucht immer wieder auszuführen, was der Reiter von ihm verlangt. Bis zur völligen Erschöpfung ... Das gilt vor allem für die American Quarter Horses, die wir beim Reining reiten. Sie leiden leise. Hunde jaulen laut auf, wenn sie Schmerzen haben. Die meisten Pferde ertragen alles still. Ich bin überzeugt: Es ist möglich, ein Pferd zu Tode zu reiten!

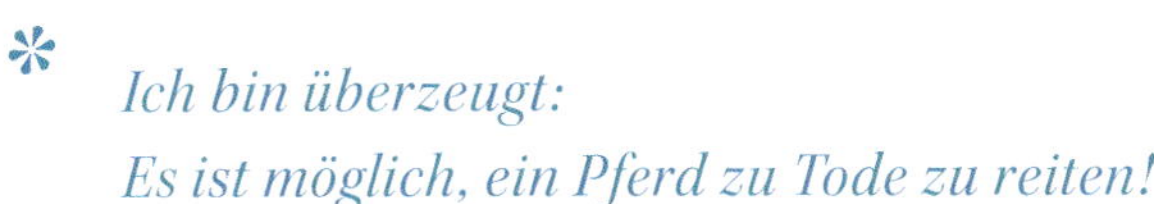
Ich bin überzeugt:
Es ist möglich, ein Pferd zu Tode zu reiten!

Andere Pferde versuchen in solchen Situationen auszubrechen, zu steigen oder zu bocken. Das führt bei einem gewalttätigen Reiter allerdings dann nur zu noch mehr Gewalt.

Nach dem Motto: ‚Ich zeige dir, wer der Stärkere ist!'

Damit das nicht passiert, liegt es in unserer Verantwortung als Reiter – in deiner und in meiner – uns das immer wieder in Gedächtnis zu rufen. Unser Ego und unseren Perfektionismus hinten anzustellen und unseren Pferden die nötige Zeit zum Erholen einzuräumen. Sonst treibst du mindestens den Verschleiss deines Tiers, der Knochen, Sehnen und Bänder, voran ...

Gewalt fürs Gold

„Hau richtig drauf!" – Selbst Spitzensportler wie Annika Schleu machen Fehler, wenn sie unter Druck stehen. Die Fünfkämpferin war während der Olympischen Spiele psychisch am Ende, du sahst ihr die Verzweiflung richtig an – deswegen schlug sie zu ... auf Anweisung ihrer Trainerin. Anstatt aufzuhören, weil das Pferd sichtbar am Ende ist. Nein, da hängt zu viel dran: der eigene Ehrgeiz und Siegeswille, die Investitionen, Arbeit, Geld und Ruhm.

Ich will niemanden verurteilen, weder die Sportlerin noch die Trainerin. Denn genauso wird es schon immer gelebt. So wird es vorgemacht. So hat es ja schon immer funktioniert. Vielen Sportlern und Trainern ist gar nicht bewusst, dass es auch anders gehen würde.

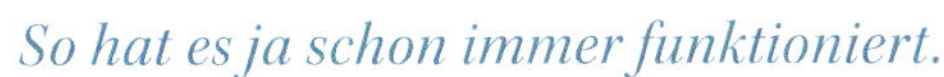

Doch solche Vorfälle rücken den Reitsport in ein schlechtes Licht: ‚Tierquälerei!' steht dann in der Presse und auf Social Media bricht ein Shitstorm aus. Leider werden gerade die negativen Schlagzeilen medial gepusht und die Mehrheit der anderen Reiter, die ihre Pferde nicht bis aufs Blut drillen, rücken in den Schatten.

Vor allem als Reiter im Profisport werden wir beobachtet. Und dessen müssen wir uns bewusst sein. Wir sind Vorbilder, also sollten wir auch vorbildlich mit unseren Pferden umgehen und für Aufklärung sorgen.

Pferd bleibt Pferd

Gewalt hat im Pferdesport nichts zu suchen! Und dennoch: Unseren Pferden werden wir auch nicht gerecht, wenn wir so tun, als sei Pferdesport vergleichbar mit einem Wendy-Cover: Da steht die Reiterin mit ihrem Pferd auf einer prachtvollen Blumenwiese und drückt es ganz fest an sich.

Um es ganz klar zu sagen: Ein Pferd wiegt gerne mal 500 oder 600 Kilogramm. Mit Kuscheln und Streicheleinheiten kann ich mich als Reiter nicht behaupten.

Es braucht mehr, um mit diesen wundervollen Tieren arbeiten zu können. Dazu gehört auch die Einsicht, dass Vermenschlichungen fehl am Platz sind. Ich liebe meine Pferde, gleichzeitig bin ich Sportlerin und meine Pferde sind für das Reining gezüchtet. Für mich stehen sportlicher Erfolg und ein körperlich und mental gesundes Pferd in keinem Gegensatz. Im Gegenteil!

Wenn du weisst, wie Pferde ticken, dann kannst du die richtige Kommunikation mit ihnen lernen. Und die findet gewaltfrei statt. Dass es dennoch nicht so einfach ist, in Stresssituationen nicht wieder in das Muster *„Gewalt"* zu verfallen, musste ich selbst erst lernen ...

Jetzt ist aber mal gut!

Gerade hatte ich eine Prüfung richtig versemmelt. Ich war jung, unerfahren und enttäuscht von meiner Leistung. Also ging ich direkt nach der Prüfung zurück auf den Abreiteplatz, um weiter zu trainieren. Ich war voll geladen mit Emotionen, hatte meine Idee, meinen Plan fest im Kopf. Das Manöver sollte aufs Pferd. Ich war gar nicht richtig bei der Sache – beziehungsweise bei meinem Partner, dem Pferd. In Gedanken noch bei der vermasselten Prüfung, fing ich an zu galoppieren. Dabei zog ich an meinem Pferd und war zu hart zu ihm. Ich galoppierte und galoppierte ... und merkte dabei nicht, dass es zu viel für das Tier wurde.

Dass ich die Grenzen bereits überschritten hatte.

Auf einmal kam ein mir unbekannter Mann zu mir, hielt mich an und sagte ruhig, aber bestimmt: *„Hey, ich glaube, jetzt ist mal gut, oder?"* Ich verstand und stieg ab, rot vor Scham.

Ich bin ihm sehr dankbar, dass er sich eingemischt hat. Solche Momente haben mich zum Nachdenken, zum Reflektieren gebracht. Reflektion, das Bewusstwerden deines eigenen Verhaltens, deiner Kommunikation mit deinem Pferd, ist die Basis eines artgerechten Umgangs mit deinem Tier. Die erste Stufe zu einer gesunden, bewussten Beziehung …

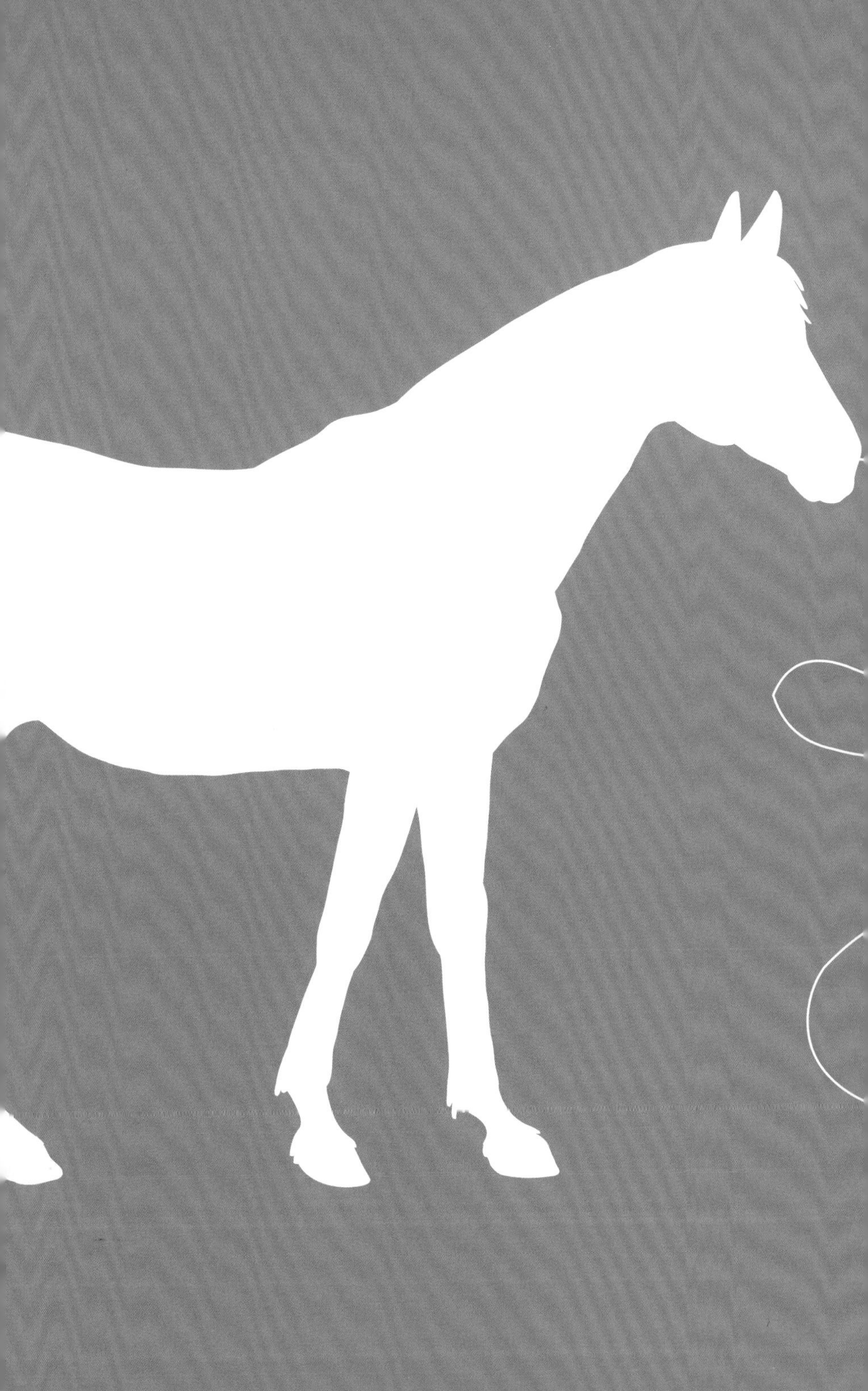

TEIL 2

EINLASSEN

KAPITEL 4: Was mache ich da eigentlich?

Dass meine Schwester und ich Verantwortung übernehmen, war unserer Mutter immer sehr wichtig. Klar, dass das auch beim Reiten galt. Wir haben gelernt, Traktor und Hänger zu fahren. Wir mussten selber putzen und ausmisten. Wir haben von Anfang an alles gemacht, was zur Arbeit mit Pferden und im Stall einfach dazugehört. Das hat uns zu selbstständigen Menschen und Reiterinnen gemacht.

Wie bin ich der Mensch und die Reiterin geworden, die ich heute bin? Meine Familie hat mir viele grundlegende Werte mitgegeben, die mich prägten. Darauf konnte ich aufbauen und mich Stück für Stück weiterentwickeln. Ich glaube, der Knackpunkt in meiner Entwicklung war, dass ich mich geöffnet habe.

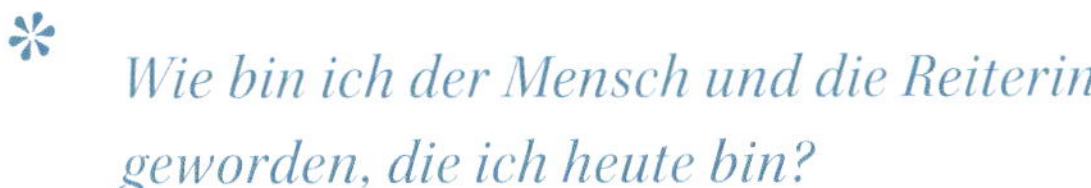

Wie bin ich der Mensch und die Reiterin geworden, die ich heute bin?

Heute habe ich die Offenheit, auch andere Meinungen zuzulassen, zuzuhören und andere Menschen um Rat zu fragen. Und ich schaue ganz bewusst auf mich und mein Handeln. So hinterfrage ich mein Tun und korrigiere es, wo es notwendig ist.

Diese Haltung erlaubt es mir, mich immer wieder neu auf unterschiedliche Pferde einzulassen. Und auch während des Trainings immer wieder zu reflektieren: Was mache ich da eigentlich? Was braucht mein Pferd? Wo stehe ich? Wo wollen wir gemeinsam hin?

Ein starres Vorgehen durchzudrücken, jedes Pferd gleich zu behandeln? – Das funktioniert aus meiner Sicht einfach nicht. Dieses Schema F jedem Pferd aufzudrücken limitiert euer Potenzial. Bestes Beispiel dafür ist eine Freundin von mir ...

Genormte Galoppsprünge

Meine Freundin ist ohne Zweifel eine sehr talentierte Profireiterin. Und sie gibt mir tolles Feedback auf meine Trainingseinheiten, wir tauschen uns über Videos aus. Aber ich glaube, sie steht sich selbst im Weg. Denn sie hat eine feste Idee, eine klare Vorstellung davon, wie ihr Pferd und sie zusammenspielen.

Kommt ein neues Pferd in ihr etabliertes System, muss es sich anpassen: Das Pferd muss den Kopf so halten wie die anderen auch. Nicht zu hoch, nicht zu tief. Auch die Grösse der Galoppsprünge ist quasi genormt. Nicht zu gross, nicht zu klein.

Da müssen wir als Reiter auch mal loslassen und von unseren Vorstellungen abrücken.

Ich bin überzeugt: Ohne diesen Perfektionismus wäre meine Freundin erfolgreicher. Und dein Pferd ist sicher auch besser, wenn es die Haltung einnehmen darf, in der es sich wohlfühlt. Da müssen wir als Reiter auch mal loslassen und von unseren Vorstellungen abrücken.

Aber wie gelingt uns das? Wie schaffst du es, ein etabliertes System loszulassen? Bei mir klappt das am besten durch Impulse von aussen. Sie sind häufig der Anstoss, der mich zum Nachdenken bringt.

Ohren auf!

Damit ich reflektieren kann, gibt es aber eine wichtige Voraussetzung: Ich muss zuhören, wenn mir jemand einen wichtigen Hinweis gibt. Wer mit Scheuklappen durchs Leben rennt, bekommt häufig gar nicht mit, welche wertvollen Impulse auf ihn warten. Deshalb möchte ich dir ans Herz legen: Sei offen für Hinweise aus deinem nahen Umfeld, höre sie dir an und reflektiere, ob und wie du sie umsetzen kannst.

Meine Schwester ist das beste Beispiel dafür, dass dich Zuhören total weiterbringen kann. Marisa ist zweieinhalb Jahre jünger als ich, ebenfalls Reining-Turnierreiterin, wenn auch nicht ganz so davon angefressen wie ich. Als grosse Schwester habe ich sie schon oft belehrt – und als kleine Schwester hat sie meine Ratschläge natürlich gekonnt ignoriert.

Aber: Seit ein paar Jahren hat sich das geändert. Das liegt zum einen wahrscheinlich auch an meiner Art zu kommunizieren. Statt *„Man, was machst du da für eine Riesenscheisse auf dem Pferd?!"* gehe ich heute eher auf sie zu: *„Kann ich dir mal helfen? Ich hätte da eine Idee."* Seit sie diese Hilfe annimmt, wir beide unser Ego zurückstellen, macht sie richtige Quantensprünge.

„Kann ich dir mal helfen? Ich hätte da eine Idee."

Sie ist viel erfolgreicher auf ihren Turnieren und mit den Erfolgen wächst der Spass am Training, am Ausprobieren, am Reiten generell. Das freut mich natürlich extrem.

Damit will ich auf keinen Fall sagen, dass ich allwissend wäre. Ich weiss selbstverständlich nicht alles, dessen bin ich mir bewusst. Ich habe einfach gelernt, Hilfe zu holen. Jemanden zu bitten, von aussen auf die Situation zu blicken und so neue Denkweisen zu eröffnen. Ob von meiner Mutter, einem Trainer oder einem Idol – mit mir hat es immer etwas gemacht, wenn mir jemand von aussen einen Tipp gegeben oder meinen Ritt kommentiert hat. Reflektionsarbeit ist Analysearbeit. Und das geht meiner Meinung nach nicht komplett alleine. Klar, bei meiner Mutter war ich zuerst einfach mal sauer – wer nimmt schon gerne Tipps von den eigenen Eltern an? Aber mit ein bisschen Zeit und Abstand denkst du dir vielleicht: ‚Okay, meine Methode funktioniert hier nicht mehr. Ich muss etwas ändern.' Umdenken ist ein Prozess.

Reflektionsarbeit ist Analysearbeit.
Umdenken ist ein Prozess.

Ich bin überzeugt, ohne mein Umfeld, ohne mein Team, aber auch ohne all die erfahrenen Trainer, die mich begleiten, wäre ich nicht da, wo ich heute stehe.

Kommunikation als Zugmittel

An einen besonders prägenden Moment, in dem ich erkannte ‚Du brauchst Hilfe!', erinnere ich mich noch ganz genau: Wir wollten gerade zu einem Turnier fahren, Chex und ich. Ein bildhübsches Pferd, brutal charakterstark. Mit Druck kommst du bei ihm nicht weit, das hatte mir mein Trainer auch immer wieder deutlich gemacht. Jetzt stand ich mit diesem 500 Kilo schweren Wallach vor dem Hänger und er bewegte sich keinen Zentimeter, weigerte sich beharrlich, in den Hänger zu steigen.

Sonst hatte das Einsteigen immer super funktioniert, es war nicht unsere erste gemeinsame Fahrt. Aber dieses Mal lief alles anders. Chex stand stur da, und mein Stresspegel stieg an. Wir sollten schon seit einer guten halben Stunde los. Aber was willst du in so einer Situation machen? Stress bringt da nichts.

Also versuchte ich es mit einem alten Pferdetrick: Ein Mitarbeiter half mir und trat von hinten mit der Gerte an Chex heran ... und der Wallach schlug mit voller Kraft aus. Das war wohl nichts. Trick Nummer zwei: eine Longierleine, um Chex in den Hänger zu ziehen – Fehlanzeige. So eine halbe Tonne kannst du eben nicht einfach so ziehen. Da kannst du locker vier, fünf Stunden stehen, ohne dass sich dein Pferd auch nur einen Millimeter bewegt. Langsam war ich echt verzweifelt.

Als ich ein paar Tage später mit meiner Angestellten über das Problem sprach, vermittelte sie mir zum Glück den Kontakt zu einem Profi, einem Trainer aus der Schweiz. Er war ein bisschen wie ein Cowboy, ein Pferdeflüsterer, wenn du willst. Ich rief ihn an, er kam vorbei und und er erklärte mir einen Trick: Bodenarbeit. Wenn das Pferd nicht in den Hänger will, bockstill wie ein Esel dasteht und sich nicht bewegt, stelle dich direkt auf die Rampe, auf die das Pferd soll. Lasse etwas Platz, in der linken Hand hältst du dein Pferd, in der rechten die Longiergerte. Doch anstatt diese kraftvoll einzusetzen und somit physischen Druck auszuüben, tippst du nur ganz leicht auf die Kruppe des Pferdes und schnalzt. ‚Hey, du da!' So lange, bis das Pferd das Gewicht nur für Blitzsekunden nach vorne verlagert oder einen ersten Schritt nach vorne macht. Dann hörst du auf.

Was machst du da? Was macht dein Pferd?

Die Kunst ist, genau dann loszulassen, wenn das Pferd einen Millimeter in die richtige Richtung macht. Weil es vom Druck weggeht. Du lässt ihm Zeit, selbst in die richtige Richtung zu gehen.

Und ja: Dafür brauchst du Geduld. Am Anfang kann es eine Stunde dauern, bis das Pferd im Hänger ist. Und Einfühlungsvermögen. Du musst genau beobachten, wann dein Pferd bereit ist, den ersten Schritt zu machen. Mittlerweile mache ich mit all meinen Pferden Bodenarbeit. Wenn du sehr gut in dieser Arbeit bist, die Körpersprache des Pferdes verstehst und deine zielgerichtet einsetzen kannst, dann brauchst du keine Gerte mehr. Allein die Körpersprache ist dann deine Kommunikation.

Auch heute noch bin ich mir nicht zu schade, den Hörer in die Hand zu nehmen oder jemanden anzusprechen und um Hilfe zu bitten. Denn aus solchen Erfahrungen weiss ich, dass es auch anders geht. Dass du deinen Plan umsetzen kannst, deinen Willen durchsetzen kannst – aber ohne Druck und ohne Gewalt, sondern indem du an dir ansetzt und dein Verhalten änderst.

Diese Erkenntnis, die Reflektion deines eigenen Verhaltens, deiner Körpersprache, deines Umgangs, deiner Kommunikation mit dem Pferd, ist die Basis für alles Weitere. Die Basis dafür, gemeinsam mit deinem Pferd erfolgreich zu sein. Erst so kannst du dich wirklich auf dein Pferd einlassen. Und auf jedes Pferd, das du zum ersten Mal reitest.

Denn Pferd ist nicht gleich Pferd …

KAPITEL 5: *Jeder nach seiner Fasson*

2015. FEI Europameisterschaft in Aachen. Ein paar Millionen Menschen schauen am Fernseher oder live vor Ort zu, wie sich die besten Reiter messen. Ich starte mit meinem obergenialen Pferd Chex. Wir haben uns gut vorbereitet, sind startklar. Aber ich weiss auch: Chex ist hochsensibel, der Trubel wird ihn sicher nicht unbeeindruckt lassen. Und dann kommt eins zum anderen: Ein Mann vom Fernsehen irritiert mich, weil er mich hektisch auffordert, in den Show Pen einzureiten. „Schnell, schnell!" Das bringt mich aus dem Konzept und Chex spürt meine Unruhe. Kaum haben Chex und ich das erste Manöver absolviert, applaudieren die Zuschauer und Chex verliert die Fassung.

Schon beim ersten Manöver wird mir klar: Wir sind weg vom Fenster, die Wertung können wir vergessen! Chex ist völlig durch den Wind, nichts gelingt uns mehr. Ich realisiere, dass mein Traum in wenigen Sekunden geplatzt ist. Nur mein Kampfgeist hält mich noch davon ab, abzusteigen und abzubrechen. Wir ziehen durch, reiten das ganze Programm fertig. Schon bevor ich die genaue Punktzahl kenne, weiss ich: Das ist der Tiefpunkt meiner Karriere.

Von der EM in den Fleischwolf

„Du musst das Pferd verkaufen, es funktioniert nicht!", „Mach' Salami aus ihm", „Er gehört in den Fleischwolf", das waren nur ein paar Meinungen, die mir nach der EM um die Ohren flogen.

Klar, ich war unendlich enttäuscht. Ich musste aber auch erkennen: Chex war überfordert in dieser Situation, ihn trifft keine Schuld. Offensichtlich ist er für so grosse Turniere einfach nicht geeignet. Ein Pferd ist eben kein Sportgerät, das immer funktioniert!

✻ *Das Pferd trifft keine Schuld!*

Und so wurde der Tiefpunkt meiner Karriere zu einem Wendepunkt. Meine Philosophie, jedes Pferd als Individuum zu behandeln, verfestigte sich. Und dass mein Chex nicht zu Hackfleisch verarbeitet wurde, versteht sich von selbst!

Pferde haben einfach unterschiedliche Persönlichkeiten, ihren eigenen Rhythmus. Das gilt es für uns als Reiter zu akzeptieren und zu berücksichtigen. Viele Sportler sehen ihr Pferd als Investition. Darauf erwidere ich gerne: *„Wenn du dir ein Pferd kaufst, kannst du das Geld gleich aus dem Fenster werfen!“* Denn mit Pferden machst du kein Geld. Pferde kosten Geld!

✻ *Mit Pferden machst du kein Geld.*

Als Reiter brauchst du Geduld und Einfühlungsvermögen. Wie ist dein Pferd? Was für einen Charakter hat es? Ist es eher introvertiert oder extrovertiert? Was kannst du ihm zumuten und was nicht? Wie kannst du ihm helfen, sich zu entwickeln?

Ein unschlagbares Team

Bevor ich auf ein Pferd steige, habe ich immer einen Plan. Dabei berücksichtige ich den Charakter und die Erfahrungen des Tieres. Ist es sensibel, muss ich voll und ganz bei der Sache sein und mich auf das Pferd einlassen. Welches Aufwärmprogramm ist für welches Pferd am besten? Muss es sich erst an den Trubel auf Turnieren gewöhnen? Dann starten wir vorher schon auf kleineren Turnieren, bei denen wir nicht Vollgas geben. Bis sich das Pferd an die Atmosphäre dort gewöhnt hat, bevor wir auf ein grosses Turnier mit mehr Trubel fahren.

Na klar, als Turnierreiterin bin ich natürlich an sportlichen Erfolgen interessiert. Aber ich bin auch überzeugt: Ein Pferd, das sich wohlfühlt und selbstbewusst ist, wächst über sich hinaus. Zu erkennen, was mein Pferd schaffen kann und welche Bedingungen es dazu braucht, das ist meine Aufgabe als Reiterin.

Ein Pferd zu entwickeln, seinen Charakter zu fördern und eine eigene Beziehung zu ihm aufzubauen, lohnt sich! Denn so werdet ihr zu einem echten unschlagbaren Duo. Einem unschlagbaren Team!

Charaktersache

Diese Entwicklung ist, was mich tagtäglich fasziniert, was aber auch meinen Erfolg ausmacht. Und es stimmt schon: Nicht jedes Pferd ist geeignet für diesen Sport. Genauso, wie sich nicht jedes Pferd für jede Sparte des Reitsports eignet. Weil vielleicht die Nerven vor Publikum mit dem Pferd durchgehen, wenn es hochsensibel ist wie Chex.

Nicht jedes Pferd ist geeignet für diesen Sport.

Natürlich gilt das auch umgekehrt: Nicht jeder Reiter passt zu jedem Pferd. Ich zum Beispiel komme vor allem mit Stuten super klar. Weil ich versuche, sie zu verstehen und nicht als *„zickig"* oder *„launisch"* abzustempeln.

Ich habe auch eine Stute, die ich selbst gezüchtet habe. Im Gegensatz zu Chex gehen bei ihr ab und an draussen die Nerven durch, zum Beispiel, wenn ich sie anbinde – da kann sie richtig psychopathisch werden. Aber fürs Reiten ist sie grossartig. Lange nicht so talentiert fürs Reining wie Chex, dafür äusserst willensstark. Und gerade deswegen konnten wir mit ihr super Erfolge erzielen. Für mich ist sie ein Reitpferd durch und durch.

Aber auch mit ihr musste ich erst lernen umzugehen. Das ist, was viele nicht verstehen. Sie setzen sich aufs Pferd und denken: Jetzt muss mein Plan umgesetzt werden. Das muss jetzt gehen. Ich habe so viel investiert, da muss mein Pferd ja funktionieren.

Aber diese Entwicklung ist ein Prozess. Du brauchst Geduld, um dich auf das jeweilige Pferd einzulassen. Um gemeinsam mit ihm zu lernen. Euch zu entwickeln. Um ihm klarzumachen, was du von ihm möchtest. Es ist ein Tier. Da gibt es keine Shortcuts oder Schnellschüsse.

> *Du brauchst Geduld, um dich auf das jeweilige Pferd einzulassen.*

Du kannst eine Ausbildungsstufe nicht einfach umgehen. Tust du es doch, ist die Luft entweder schon vor dem Turnier raus – oder es funktioniert am entscheidenden Tag nicht.

Ein echter Härtefall

Vor etwa zwei Jahren, im Jahr 2021, war ich in den USA auf einem grossen Turnier. Auf dem Pferd, mit dem ich die Prüfung geritten bin, war ich nur fünf Mal zuvor gesessen. Da kannst du nicht die allergrössten Erfolge erwarten. Und dafür ging es ziemlich gut. Deswegen habe ich es damals gekauft und in den USA, dem Heimatland des Reinings, gelassen, um mit ihm Turniere zu reiten.

Ich sag's dir gleich: Der Plan ging nicht auf. Als die Trainerin vor Ort mit meinem Pferd an einer kleinen Veranstaltung teilnahm, funktionierte gar nichts. Das ging in die völlig falsche Richtung. Wahrscheinlich wurde dem Pferd ein System aufgedrückt, nicht auf seinen Charakter eingegangen. Das Endergebnis: Meine Stute lahmte, war instabil, zu schwach in der Hinterhand.

Da bleiben dir als Besitzer nur drei Möglichkeiten. Und diese drei Varianten hatte ich, als ich hinüberflog, im Kopf: Verkaufen, verschenken oder einschläfern … Aber: Ich glaubte daran, dass diese Stute wieder wird!

Seit mittlerweile einem Jahr habe ich sie auf meinem Hof, lasse sie auf unterschiedlichen Böden spazieren, um sie wieder aufzubauen. Und ich lasse sie gemeinsam mit den anderen Pferden auf den Weiden laufen! Diese Methode habe ich mir von einer Zucht in Belgien abgeschaut. Die Turnierpferde dort haben Riesenweiden – keine Spur von dem alten Denken: ‚Ein Sportpferd gehört in die Box – Verletzungsgefahr.' Stattdessen stehen die Tiere dort den gesamten Sommer über prinzipiell immer draussen.

So handhabe ich es inzwischen auch, auch mit dieser *„kaputten"* Stute. Sie stellt meine Philosophie auf die Probe, ist ein echter Härtefall. Aber ich glaube fest an sie.

Und: Sie macht Fortschritte. Kleine Fortschritte, aber es geht voran. Ich will sie nicht nur körperlich, sondern auch psychisch wieder aufbauen. Deswegen gehe ich auf sie ein, versuche ihren Charakter zu verstehen. Ich lasse mich auf sie ein und stelle eine Beziehung zu ihr her. Wir bauen Vertrauen zueinander auf …

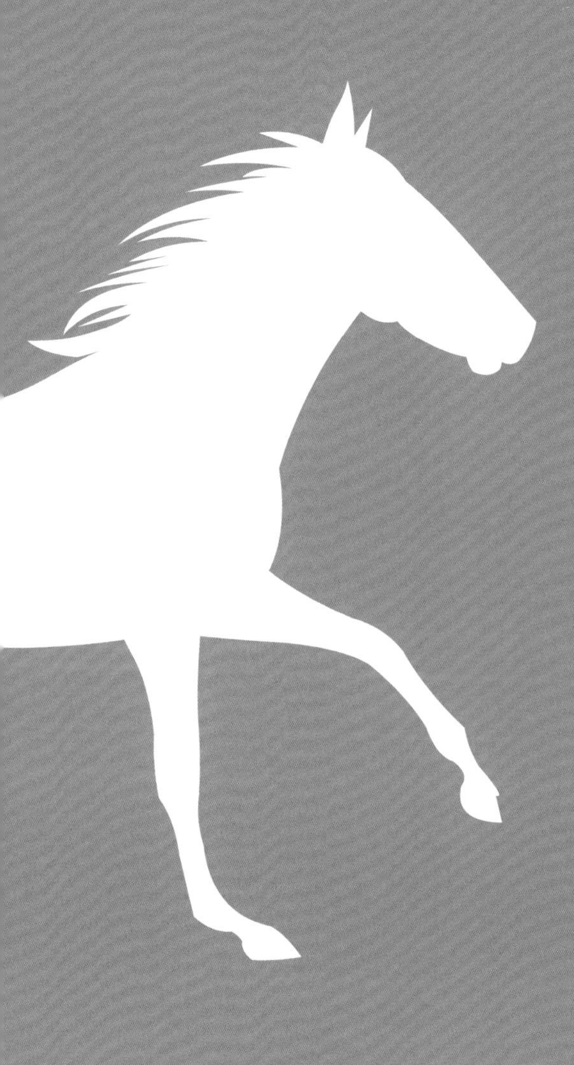

KAPITEL 6: Einfach echt gut

An dieser Stelle des Buches möchte ich meinen Eltern einmal *„Danke"* sagen: Weil sie meines Erachtens so viel richtig gemacht haben, indem Sie uns Urvertrauen gegeben und uns ein gesundes Selbstwertgefühl vermittelt haben. Ich bin überzeugt: Allein dem habe ich es zu verdanken, dass ich mich traue, gross zu träumen und an mich und meine Ziele zu glauben.

Vielleicht kennst du den Film Jappeloup – eine Legende, in dem der Springreiter Pierre Durand die Olympischen Spiele mit seinem Pferd Jappeloup gewinnt. Eine Erfolgsgeschichte wie aus dem Drehbuch! Nur, dass sie tatsächlich passiert ist.

Dieser Film hat mich geprägt, bestimmt auch einer der Gründe, weshalb ich immer an meine Träume, an die Ziele, die ich mir setze, glaube. Denn: Wenn du nicht an deine eigenen Ziele glaubst, warum solltest du dann überhaupt losgehen? Das ist eine Frage des Mindsets.

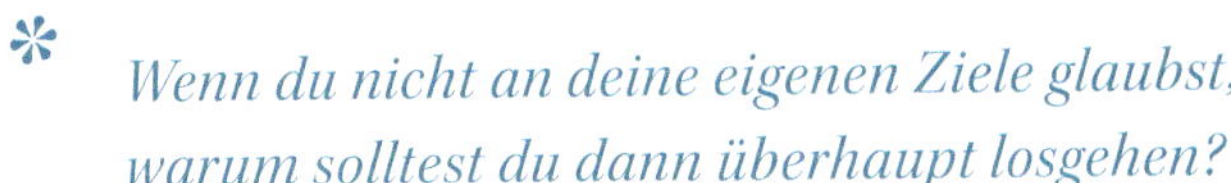

Aber dieses Mindset, dieses gesunde *„sich selbst bewusst"* zu sein, fehlt vielen. Sie (ver)trauen sich selbst, ihren eigenen Fähigkeiten nicht. Das ist mir damals in einer Situation im Schweizer A-Kader bewusst geworden: Wir sassen in einer kleinen Runde zusammen, allesamt Reiter der Spitzenklasse. Ich war Anfang 30, die restlichen fünf bis sechs Reiter waren teils jünger, teils älter als ich.

Wir sassen da also, die Equipenchefin blickte in die Runde und fragte: *„Was sind eure Ziele in diesem Jahr, was wollt ihr erreichen?“* – Ich hatte ein ganz klares Ziel! „Ich werde mich für die Weltreiterspiele in Caen qualifizieren!“ Das war mein Kindheitstraum.

Glaub an dich

Diese Weltreiterspiele, die World Equestrian Games FEI, kannte ich von klein auf, alle vier Jahre fanden sie statt. Damals, 2014, in Caen, in der Normandie in Frankreich – und ich wusste: Das ist meine Chance! Ich glaubte ganz fest daran. Ich wusste, dass es möglich ist.

Umso erstaunter war ich, dass die restlichen Reiter der Runde keine klaren Ziele vor Augen hatten. *„Ich schaue mal, dass ich mein Bestes auf dem anstehenden Turnier gebe. Dann sehen wir, was möglich ist!“ „Ich will mich verbessern, vielleicht sogar für ein grosses Turnier qualifizieren.“* Niemand hatte den Mut, ein klares, konkretes Ziel auszusprechen.

Was glaubst du, wer es geschafft hat? – Ich war die Einzige aus dieser Runde, die sich für die Weltreiterspiele qualifizierte.

Staub abklopfen

Doch das Leben besteht bekanntlich nicht nur aus Erfolgen. Es gibt keine steile Karriere, nur bergauf ohne Rückschläge. Jeder fällt mal zu Boden. Die Frage ist, was du danach tust: Stehst du wieder auf?

Viele meiner Reiterkollegen sind nach Rückschlägen richtig niedergeschlagen, emotional verletzt. Sie ziehen sich zurück. Vielleicht geben sie sogar auf. Nach meiner Niederlage in Aachen mit Chex war ich enttäuscht, klar. Aber ich habe weitergemacht.

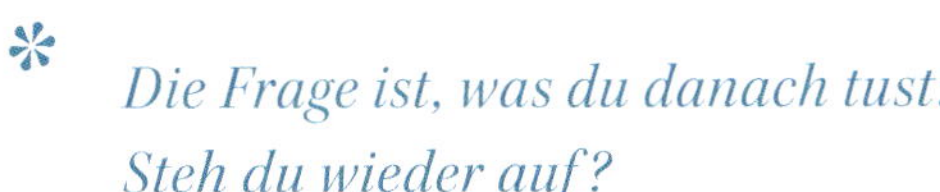

Die Frage ist, was du danach tust:
Steh du wieder auf?

Für die zweiten Weltreiterspiele 2018 in den USA wollte ich mich ebenfalls unbedingt qualifizieren. Weil die Spiele in Übersee waren, waren die Kriterien in diesem Jahr sehr hoch. Alles musste stimmen. Ich machte mir unglaublich viel Druck – und scheiterte. Zuerst in Deutschland, dann in der Schweiz auf den Turnieren zur Qualifikation. Obwohl das mein Ziel war, an das ich geglaubt hatte. Es wäre möglich gewesen. Aber in den entscheidenden Momenten hatte es nicht geklappt.

Doch selbst in verzwickten Situationen entscheidet dein Mindset: Gehst du nach einer Niederlage nach Hause zurück, verkriechst dich und machst dich fertig?

Für mich kam das nicht in Frage: Noch auf der Rückfahrt von Deutschland fing ich an, mich mental wieder zu resetten, mein Hirn *„einzustellen“*, wie es mein Mentaltrainer, mit dem ich zu dieser Zeit noch gar nicht arbeitete, und ich nennen. Ich blickte nicht zurück, sondern rappelte mich auf, klopfte mir den Staub der Niederlage ab und schaute nach vorn: *„Scheisse, das lief nicht wie geplant. Aber was ist jetzt Fakt? Wie viele Punkte könnte ich erreicht haben?“*

Bis zuletzt war da noch dieses letzte Fünkchen Hoffnung, mich vielleicht doch ein zweites Mal für die World Equistrian Games qualifiziert zu haben – bis die Equipenchefin mich anrief: *„Wir haben uns deine Scores angeschaut. Du kannst leider nicht teilnehmen.“* Ich war so traurig …

Zwei Wochen später ritt ich in einem Turnier in Deutschland einen Score, weit über dem nötigen Score zur Weltreiterqualifikation, kurz darauf nochmal. Der Druck war raus – und plötzlich konnte ich Leistung erbringen.

Die Kunst ist, mit diesem Druck umzugehen, um Leistung zu erbringen. Es ist die Kunst aus Losgelassenheit und Vertrauen.

Was habe ich daraus gelernt? Leistungsdruck lässt sich nicht vermeiden, wenn du zu einem Turnier gehst. Die Kunst ist, mit diesem Druck umzugehen, um Leistung zu erbringen. Es ist die Kunst aus Losgelassenheit und Vertrauen. Nicht nur in dich selbst. Sondern auch in dein Pferd, schliesslich agiert ihr als Team …

Reiten heisst vertrauen

Reiten ohne zu vertrauen – das ist für mich unvorstellbar. Denn Reiten ist ein Teamsport. Wenn ich beim Reining im vollen Galopp nur eine Hand brauchen darf, dann muss ich diesem Tier vollkommen vertrauen. Und es mir.

Domestizierte Pferde sind grundsätzlich positiv gegenüber Menschen eingestellt. Sie sind sehr vertrauensvolle Tiere. Daraus folgt: Fällt es einem Pferd schwer, zum Reiter Vertrauen zu fassen, hat es bereits schlechte Erfahrungen mit Menschen gemacht.

Wie förderst du nun das Vertrauen deines Pferdes in dich? Dazu ein Beispiel: Ich reite mit meinem Pferd im schnellen Galopp auf dem Zirkel. Dabei übe ich keinerlei Kontrolle aus. Ich lasse es laufen und schaue, was passiert. Das Pferd spürt, dass ich keinen Druck ausübe und es selbstständig handeln kann. Es galoppiert aus eigenen Stücken auf dem Zirkel. Das Pferd nimmt wahr, dass ich ihm vertraue und gibt mir dieses Vertrauen zurück. So entsteht eine wunderbare Wechselwirkung zwischen Pferd und Reiter!

Das Pferd nimmt wahr, dass ich ihm vertraue und gibt mir dieses Vertrauen zurück.

Das bedeutet natürlich nicht, dass mein Pferd tut und lässt, was es will. Es ist ein Verständnis, ein Vertrauen auf beiden Seiten.

Ich vertraue, dass es gelernt hat, wie wir diesen Zirkel reiten. Mein Pferd vertraut meinen leichten Impulsen, meiner Führung. Wir sind miteinander verbunden.

Probiere es doch mal im Training aus: Wenn dein Pferd zum Beispiel auf einem Zirkel noch nicht realisiert, was du von ihm willst, übe keine Kontrolle aus. Lass es einfach geschehen. Repetiere die Übung, schraube den Druck runter und korrigiere sanft. Ich habe die Erfahrung gemacht, dass 99 Prozent der Pferde ganz schnell verstehen und diesen Fehler schon bald nicht mehr machen. Pferde sind intelligente Wesen – und du erreichst (vor allem langfristig) mehr, wenn du ihnen den Raum zur eigenen Entwicklung lässt, ihnen Vertrauen schenkst anstatt verbissen jede Bewegung zu kontrollieren.

Na klar, mein Pferd und ich – wir sind ein Team. Was ich aber vor allem in den letzten Jahren immer mehr verinnerlicht habe: Um wirklich erfolgreich zu sein, brauche ich Menschen, die mich unterstützen.

Zusammen stark

Auch in meinem erweiterten Team spielt Vertrauen eine ganz wesentliche Rolle: Nur, wenn ich meinen Mitarbeitern vertraue – und sie mir, sind wir zusammen erfolgreich.

Und deshalb arbeite ich in und ausserhalb meines Hofes mit Menschen, die selbst denken und agieren. Menschen, die mir Feedback geben, die mich kritisch hinterfragen, die mich mental coachen, die sich um den Stall kümmern und die Tiere versorgen. Ich habe wunderbare Menschen um mich herum, denen ich meine Gefühle anvertrauen kann und die mich bestärken, wenn ich zweifle.

Ich glaube, ich habe eine ganz gute Menschenkenntnis, aber ich bin nicht naiv: Ich weiss, dass mich Menschen, denen ich vertraue, auch leicht enttäuschen können. Dennoch ist mein Grundsatz: Ich vertraue lieber einmal mehr und werde im schlimmsten Fall verletzt, als ständig zu kontrollieren.

*Ich vertraue lieber einmal mehr
und werde im schlimmsten Fall verletzt,
als ständig zu kontrollieren.*

Was ein Team ausmacht, sind die Beziehungen zwischen den einzelnen Mitgliedern. Und Beziehungen können sich auch verändern. Es kommt natürlich auch mal vor, dass jemand mein Team verlässt. Dann heisst es: loslassen und die Chance für etwas Neues sehen. Ich denke mir dann: ‚Ich darf nun einem neuen Menschen mein Vertrauen schenken.'

Beflügelt

Damit meine ganz grossen Träume in Erfüllung gehen, muss alles zusammenpassen: Ich muss an mich glauben, meinem Pferd zu 100 Prozent vertrauen und mich auf mein Team verlassen können. Was für ein Glück, dass bei der Europameisterschaft 2019 all das zusammen kam:

Die EM fing schon einmal richtig gut an. In der Teamwertung gewannen wir nämlich die Bronzemedaille. Dann begann der Einzelwettkampf. Ich stand auf dem vierten Platz, das hiess: noch einmal alles geben. Meine Stute Lou ist zwar eher introvertiert und im Training manchmal etwas faul, aber wenn es drauf ankommt, ist sie sehr stark. Müsste ich in den Krieg ziehen, ich würde es mit ihr machen.

Am Abend vor dem Turnier schrieb ich meiner besten Freundin Nadia eine WhatsApp: *„Ich glaube, da geht noch was, ich denke, eine Medaille ist drin …"* Nadia bestärkte mich, glaubte an mich und vertraute voll und ganz in mein Potenzial.

Direkt vor dem Galopp in die Halle pushten mich ihre Worte: *„Na klar, auf jeden Fall holt ihr eine Medaille! Du gehst da jetzt rein und reitest einfach!"* Wow! Ich fühlte mich getragen. Ich hörte, wie die Menschen mich anfeuerten, jaulten und jubelten. All das beflügelte mich … Ich verliess die Halle als Vizeeuropameisterin.

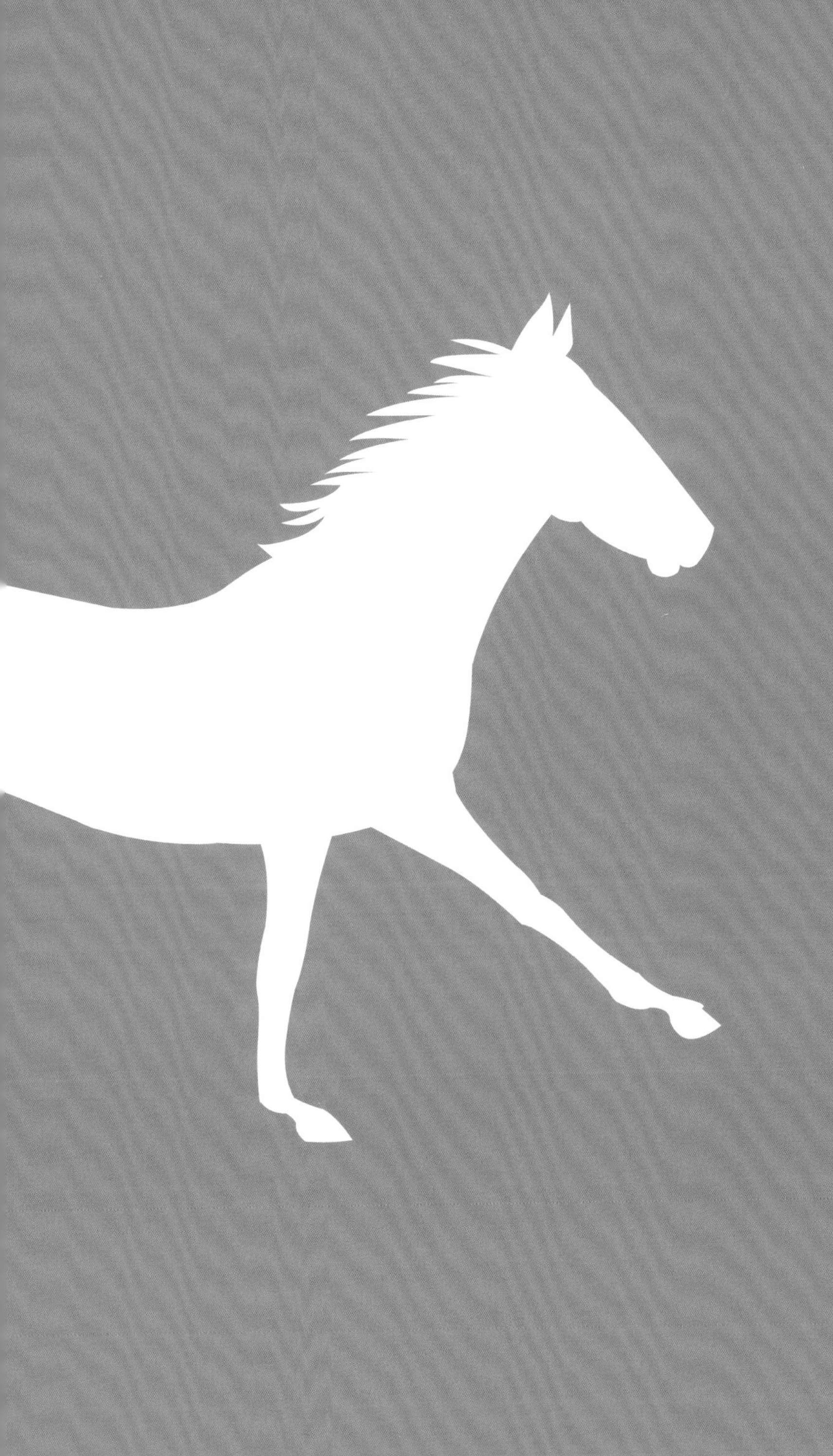

KAPITEL 7:

Verarsch mich nicht

Lou und ich. Wir holten gemeinsam die Silbermedaille. Wir funktionierten als Team. Zwei Jahre später folgten drei weitere gemeinsame Champion-Titel. Wie gesagt, ausserhalb von Prüfungssituationen ist Lou eher minimalistisch unterwegs: Keine Bewegung zu viel! Während der Prüfung blühte sie jedoch richtig auf. Bei den Europameisterschaften zeigte sie sich in ihrer Höchstform. Nach dem Slowdown wieherte sie laut. Nach dem Motto *„Yeah, siehst du, Adrienne? Schon wieder geschafft!"* Es war wie ein gelungener Tanz. Spielerisch. Eingespielt ...

Stutenbissig?

Und das, *„obwohl"* Lou eine Stute ist. Stuten gelten oft als zickig oder launisch. Das hängt mit ihrem Hormonspiegel zusammen. Auch Hengste sind hormonell gesteuert. Der Gegensatz dazu sind Wallache, deren Hormonhaushalt recht ausgeglichen ist – Wallache sind eher neutral eingestellt. Generell gelten sie als einfacher zu handhaben; mir persönlich fehlt da der Biss. Da ist einfach zu wenig Drive. Und diesen Drive schätze ich als Sportlerin – bei Mensch und Tier!

Ich persönlich mag Stuten extrem gern. Denn wenn du eine Stute gut behandelst, dann hast du das beste Reitpferd, das du haben kannst! Wenn du allerdings unfair zu ihr bist, zahlt sie dir das garantiert zurück.

* *Wenn du eine Stute gut behandelst, hast du das beste Pferd, das du haben kannst!*

Ich reite momentan eine Stute meiner Mutter, sie heisst Stride. Stride ist stark, mit ihren elf Jahren quasi fertig ausgebildet. Seit gut zwei Jahren fängt sie allerdings durch ein traumatisches Ereignis an, am Boden zu steigen, wenn sie angebunden wird. Teilweise so sehr, dass sie sich überschlägt. Vermutlich hat eine Breme sie in einem unerwarteten Moment gestochen. Sie muss sich jedenfalls sehr erschrocken haben, denn sie hat sich seitdem verändert. Einen starken Charakter hatte sie schon immer, jetzt kommt noch das schwierige Verhalten, wenn sie angebunden ist, dazu.

Dennoch klappt es inzwischen gut zwischen ihr und mir. Ich achte genau darauf, wie ich mich ihr gegenüber verhalte. Ich berücksichtige ihre früheren Erfahrungen und kenne ihre Triggerpunkte. In jedem Fall versuche ich, fair zu sein …

Wie du mir …

Was wäre unfair? Unfair wäre ich, wenn ich diese Stute noch zusätzlich jeden Tag stresse, körperlich und mental. Wenn ich von ihr verlangen würde, jeden Tag Vollgas zu geben, obwohl sie schon eine solide Ausbildung durchlaufen hat und alle Manöver kennt.

Wenn ich sie zwingen würde, all diese Manöver bis ins kleinste Detail zu trainieren: im Vollgas stoppen, drehen und zirkeln an einem Stück.

Stattdessen geht es drei Mal die Woche zum Ausreiten, einmal zum Longieren, einmal in die Halle. Zum Durchbewegen. Stride ist ultimativ gut, sie muss nicht täglich trainiert werden. Die Devise ist, zu erkennen, was sie braucht.

Die Devise ist, zu erkennen, was sie braucht.

Das gilt nicht nur für Stride, sondern für alle Pferde. Pferde sind absolut authentisch. Das ist, was ich so an ihnen mag, was mich fasziniert. Sie leben im Hier und Jetzt, reagieren auf ihre Umwelt. Du, ich, wir Menschen unterscheiden uns von den Tieren in unserem Bewusstsein. Wir können aktiv über unsere Handlungen bestimmen, Situationen steuern, agieren, während die Pferde passiv auf die Aussenreize reagieren.

Ein Pferd kann dich also gar nicht absichtlich unfair behandeln, weil es lediglich auf dein Verhalten reagiert. Es spiegelt dich. Also behandle es fair! Andernfalls wirst du es zu spüren bekommen: Dann steigen sie dir nicht mehr in den Hänger ein oder wollen nicht einmal mehr in die Reithalle! Das ist spätestens der Moment, in dem du dich selbst hinterfragen solltest: Gab es eine Misskommunikation während des Trainings? Hast du deinen eigenen Leistungsdruck auf dein Pferd übertragen?

Deine Idee, deinen Plan umgesetzt, ohne Rücksicht auf dein Pferd, dessen Tagesform, Charakter oder Erfahrungen?

Pferde sind absolut authentisch. Ein Pferd wird dich niemals unfair behandeln.

Besonders Stuten nehmen sich eine unfaire Behandlung zu Herzen. Vielleicht wird sie nicht direkt bocken oder aufsteigen, vielleicht wird sie nicht direkt den Gang in die Reithalle verweigern. Aber der Moment wird kommen, wenn du Pech hast mitten in der Prüfung, in dem die Stute dir dein Verhalten spiegeln wird.

Fairness zahlt sich aus

Wie verhältst du dich also fair? Indem du dein Pferd als deinen Teampartner anerkennst. Indem du seine Grenzen akzeptierst. Wenn du deinem Pferd eine neue Übung beibringen willst, trainiere nicht bis zur völligen Erschöpfung. Lernen ist ein Prozess. Du musst deinen Partner nicht Tag für Tag an sein völliges Leistungslimit bringen. So trainieren auch die besten Spitzensportler nicht.

Fair zu sein hat neben dem Tierwohl noch einen weiteren grossen Vorteil für euren sportlichen Erfolg. Denn Fairness motiviert: Die Kunst ist, genau die Sekunde abzupassen, in der dein Pferd versteht. Das ist der Zeitpunkt für Lob und Anerkennung für seine Arbeit. Beende das Training, sobald dein Pferd eine neue Aufgabe gut umgesetzt hat. Pferde sind intelligent, sie werden sich den Fortschritt merken und daran anknüpfen. Beende das Training immer mit einem positiven Erlebnis. Und du wirst positiv überrascht von der Entwicklung deines Pferdes sein.

Ich habe schon so oft erlebt, wie Pferde in Prüfungssituationen völlig unerwartet grenzenlos über sich hinausgewachsen sind. Nicht nur Stuten, auch Hengste haben mich schon oft positiv überrascht. Bestes Beispiel dafür: das Euroderby 2022 in Lyon.

Einfach unser Bestes

Spot war erst sechs Jahre alt. Ich traute ihm einiges zu und dachte auch, dass er sein Können im Turnier bestimmt abrufen kann, aber ich wollte aufgrund seines recht jungen Alters meine Erwartungen nicht zu hoch setzen. Daher verzichtete ich darauf, eine bestimmte Platzierung als Ziel festzulegen. Ihm gegenüber Druck auszuüben hätte ich schlicht unfair gefunden. Stattdessen war mein Plan: *„Wir geben unser Bestes!"*.

So ging ich konzentriert, aber nicht verkrampft ins Finale. Ich war gut drauf. Spot war gut drauf. Wir beide gaben an diesem Tag wirklich unser Bestes. Jedes Manöver funktionierte, eins nach dem anderen. Wir konnten unser volles Potenzial ausschöpfen. Der Ritt fühlte sich weich wie eine Feder an. Die Prüfung glich einem Tanz mit meinem Pferd. Jeder Schritt war harmonisch. Dieses bildhübsche Pferd meisterte jeden Zirkel, jeden Spin, jeden Stop.

Wir konnten unser Potenzial voll ausschöpfen.

Am Ende erreichten wir tatsächlich den zweiten Platz in der Wertung. Ich war total von den Socken! Mein Pferd hatte mich überrascht und alle Erwartungen übertroffen.

Für absolute Glücksmomente wie diese bin ich sehr dankbar. Und ich bin fest davon überzeugt, dass ich sie erleben darf, weil ich gelernt habe, die Grenzen meines Pferdes zu erkennen. Ich kann nun in den richtigen Momenten loslassen und den Druck gegenüber meinem Pferd rausnehmen. Das ist für mich fair. Und: Ich respektiere die Grenzen meines Pferdes.

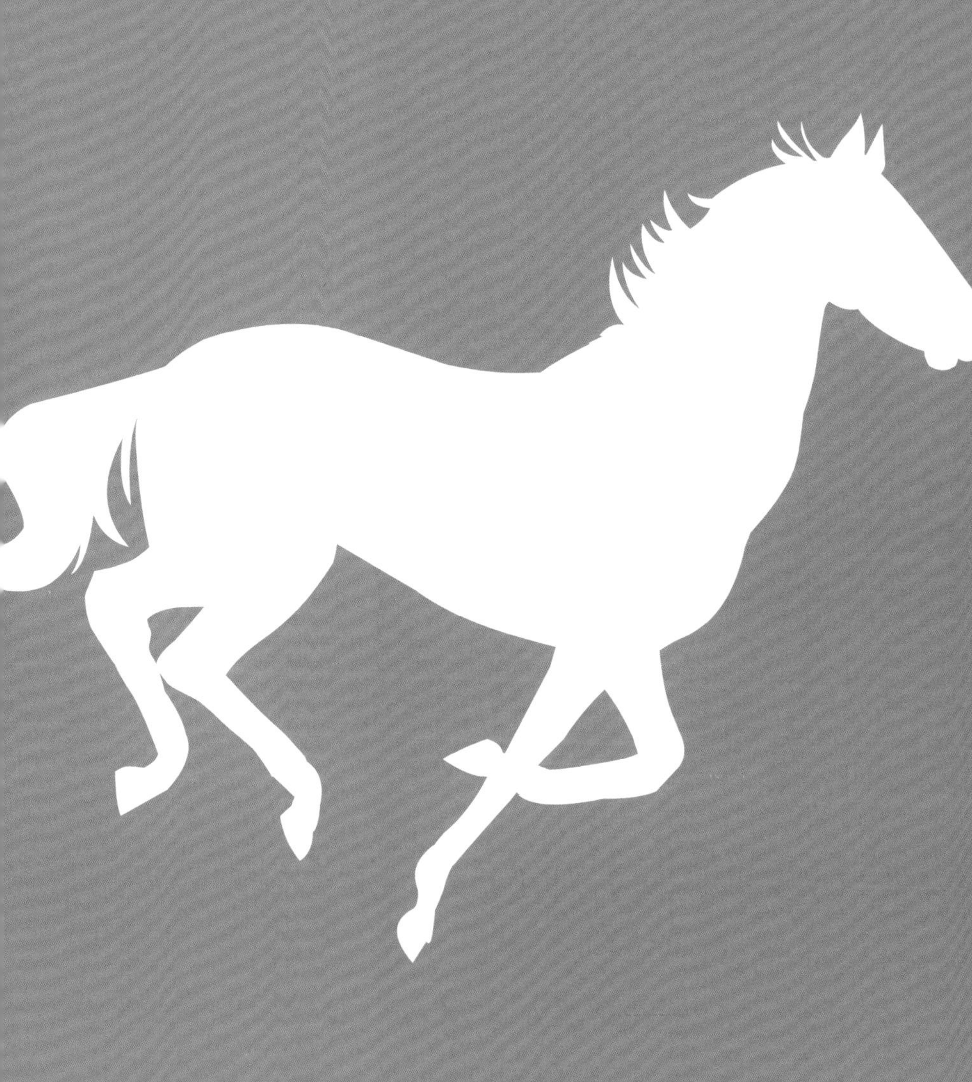

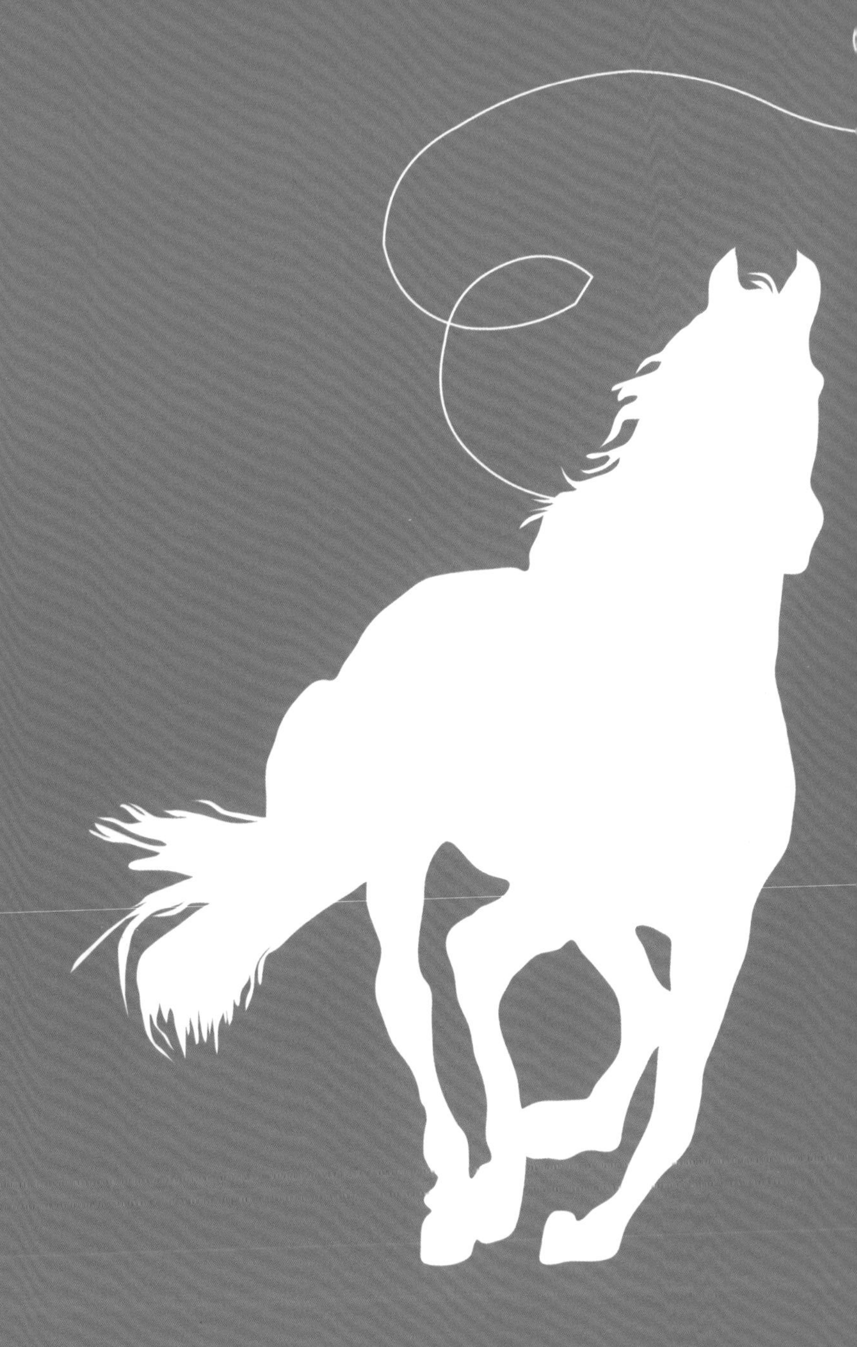

TEIL 3

LOSLASSEN

KAPITEL 8: Gemeinsam

Im Schritt laufen sie in die Arena und bleiben in der Mitte stehen. Spannung liegt in der Luft. Der Reiter ist absolut konzentriert. Und trotzdem wirken beide, Pferd und Reiter, entspannt. Die Hand des Reiters liegt auf dem Mähnenkamm des schönen Tiers, während dieses durch die Gegend schaut. Neugierig wandert sein Blick Richtung Tor und Publikum. Aber es steht still in der Mitte der Arena, macht keinen Schritt nach vorne, bewegt seinen Kopf nicht. Dann hebt der Sportler die Hand vom Hals des Pferdes – und sie starten ihr Pattern: leicht, harmonisch, flüssig, als Team.

Gerade im Reining ist Timing wichtig. Ein perfektes Timing erreichst du nur, wenn du in den Körper deines Pferdes hineinspürst, das Pferd wirklich *„fühlst"*. Und das Pferd dich. Vor allem dieser Anfangsmoment, der Start vor dem Pattern, ist entscheidend. Pferde sind Fluchttiere. Anstatt militärisch die Kontrolle zu behalten, mit aller Gewalt den Kopf deines Pferdes zu steuern und schon vor der Prüfung Druck zu erzeugen, ist es viel wirksamer, das Tier Tier sein zu lassen. Seinem natürlichen Verhalten Raum zu geben. Und es nicht zu steuern wie ein Gerät.

Ein wesentlicher Teil meiner Philosophie dreht sich um Respekt. Auf beiden Seiten. Es geht mir um das gegenseitige Achten, das gegenseitige Verstehen. Dazu gehört es auch, dass das Pferd deine Grenzen respektiert. Es muss respektieren, wer du bist und welche Rolle du in eurer Beziehung einnimmst. Ihr als Team begegnet euch auf Augenhöhe. Und das fängt schon bei den ganz kleinen Dingen im Alltag an …

Mein Bereich, dein Bereich

Du als Reiter hast einen Plan. Wahrscheinlich strebst du auch nach sportlichem Erfolg. Du willst das Bestmögliche aus dir und deinem Pferd, aus euch als Team, herausholen. Deswegen ist es wichtig, dass du zeigst, dass du die Führung übernimmst.

Dafür musst du aber nicht mit der Gerte auf das Tier einschlagen! Viel wirkungsvoller – und artgerechter – ist es, wenn du mit deinem Pferd in den Austausch gehst, wenn ihr kommuniziert. Stell dir zum Beispiel vor, du kommst in die Box, um deinem Pferd die Hufe auszukratzen. Dein Pferd geht dabei seitwärts in deine Richtung und engt dich damit ein. In so einer Situation musst du ein deutliches Zeichen setzen. Es ist sogar notwendig, deinem Pferd einen Schubs zu geben, um deinen Bereich abzustecken: *„Hey, du bist zu weit gegangen!"* So lernt dein Pferd: Ihr achtet eure Bereiche gegenseitig und überschreitet die Grenzen des anderen nicht. Gibst du ihm diese klaren Hinweise nicht bei den alltäglichen Situationen, kommt eure Beziehung ins Ungleichgewicht: Wenn dein Pferd dir auf den Fuss treten, dich gegen die Wand drücken, oder gar weglaufen darf, dann hast du schon von vornherein verloren.

Wenn dein Pferd dir auf den Fuss treten, dich gegen die Wand drücken, oder gar weglaufen darf, dann hast du schon von vornherein verloren.

Du bist der führende Part, und das musst du deutlich machen. Wie bei einem Kind, das versucht, seine Grenzen auszutesten. Ein Kind wirst du nicht zur Seite schubsen, aber du wirst ihm klar und deutlich kommunizieren, wenn es zu weit geht. Nur versteht ein Pferd keine Menschensprache. In Pferdesprache versetzt du ihm einen Schubs, wenn es deine physische, räumliche Grenze übertritt. Nicht anders machen es seine Artgenossen ja auch. Schau ruhig mal auf die Weide: Pferde unter sich gehen auch nicht gerade behutsam miteinander um.

Nicht ohne Grund pferchen viele Sportler ihre Pferde gerne alleine in eine Box ein: Pferde können sich gegenseitig böse Verletzungen zufügen. So weit darf es natürlich beim Umgang mit unseren Pferden nicht kommen. Dennoch solltest du klar auftreten und dies auch mit Körpereinsatz unterstreichen.

Wenn du dich nicht von Anfang an auch im alltäglichen Umgang durchsetzt, dann wird euer Verhältnis auch beim Reiten kompliziert. Dann bist nicht mehr du derjenige, der die Zügel in der Hand hat, sondern der, der vom Pferd geführt wird.

Klartext

Zu gut meinen es definitiv Pferdebesitzer, die ihre Tiere verhätscheln. Für sie sind Pferde hauptsächlich dafür da, um auf der Weide zu stehen.

Ein paar Streicheleinheiten hier, ein paar Zöpfchen flechten da, bei gutem Wetter mal ein Sonntagsausritt. Ich habe die Erfahrung gemacht, dass es Pferdebesitzern mit diesem Selbstverständnis schwer fällt, Grenzen zu setzen, auch mal klar zu signalisieren: So geht es nicht!

Ähnlich ist es bei den Hundehaltern, die ihren Hund gar nicht erziehen, die alles durchgehen lassen – und sich am Ende wundern, warum er nicht aufs Wort hört, wo er doch so ein gutes Zuhause hat. Ich kann dir sagen, warum der Hund ständig das macht, was er will: Weil er seinen Besitzer gar nicht versteht! Ebenso wenig, wie der Besitzer seinen Hund versteht.

Ich kann dir sagen, warum der Hund ständig das macht, was er will: Weil er seinen Besitzer gar nicht versteht!

Die meisten Sportler dagegen wissen ihre Grenzen deutlich zu machen. Ich bin mir sicher, auch du hast bereits genug Erfahrung gesammelt, um dich vor deinem Pferd zu behaupten, dich durchzusetzen, damit es dir genügend Respekt entgegenbringt.

Wie wir bereits angerissen haben, haben die meisten Sportreiter eher ein Problem damit, im Gegenzug die Grenzen des Pferdes zu respektieren. Vor allem, wenn sich bei ihnen selbst der Leistungsdruck aufbaut und immer grösser wird.

Für beide Extreme – die, die ihre Tiere verhätscheln und die ehrgeizigen Profis – gilt: Es geht überhaupt nicht darum, deinem Pferd Gewalt anzutun, davon habe ich mich bereits zu Beginn dieses Buches deutlich abgegrenzt. Es geht um eure Kommunikation. Dein Pferd lernt, deine Grenzen zu wahren und zu respektieren, wenn du richtig mit ihm kommunizierst!

Butterweich

Da Pferde uns nicht einfach sagen können, an welchem Punkt ihre Grenzen erreicht oder überschritten sind, müssen wir als Reiter auf die Signale ihrer Körper achten. Schaust und spürst du genau hin, wirst du merken, wie eindeutig Pferde über ihren Körper mit uns kommunizieren.

Wie bewegt es die Ohren? Wie atmet es? Welche Muskeln sind gerade angespannt? Gerade im Reining muss ich darauf achten, dass mein Pferd nicht zu nervös ist. Ist es total steif, bekomme ich kein butterweiches Manöver hin. Ist das Pferd zappelig, kann ich mir ein spektakuläres Manöver abschminken.

* *Ist das Pferd zappelig, kann ich mir ein spektakuläres Manöver abschminken.*

Ein Pferdetrainer, mit dem ich jahrelang zusammenarbeitete, sagte während meiner Trainings, wenn ich zu viel und alles auf einmal wollte, immer: *„Stress das Tier nicht in etwas rein!"* Um genau diesen Stress zu vermeiden, habe ich mir seine Routine abgeschaut: Bevor ich mit meinem Pferd eine Prüfung starte, lege ich meine Hand auf seinen Mähnenkamm und atme tief durch. Ich beobachte genau: Hat es ausgeatmet? Hat es abgekaut? Erst, wenn ich spüre, dass mein Teampartner bereit ist, beginne ich mit dem ersten Manöver.

Ich habe über die Jahre gelernt: Starte ich ein Manöver mit einem unentspannten Pferd, dann wird das nichts. Durch einen überhasteten Start würde ich meine Unsicherheit und Nervosität auf das Tier übertragen. Und wenn wir beide aufgeregt sind, stehen wir uns nur selbst im Weg. Also heisst es: am Start Ruhe bewahren. Relax. Das gilt nicht nur fürs Reining, sonder für alle Reitsportdisziplinen.

Erst rückwärts, dann vorwärts

Du musst natürlich deinen eigenen Weg finden, wie du mit deinem Pferd in die Prüfung gehst: Die einen stehen erst mal ein paar Sekunden ruhig da, bevor es losgeht. Die anderen reiten im Trab ein. Wieder andere gehen zuerst ein paar Schritte rückwärts. Ich finde es spannend, auf Wettkämpfen zu beobachten, wer welches Ritual hat, solange es zum Reiter und Pferd passt und bei beiden zur Entspannung beiträgt.

Damit mein Pferd dann im Wettkampf auch quasi auf Knopfdruck entspannt, üben wir im Training, die Signale des anderen zu entschlüsseln. Ich führe immer die gleichen Bewegungen aus, sodass mein Pferd sie richtig verinnerlichen kann. Die Hand auf den Mähnenkamm legen heisst: Du musst dich nicht bewegen, du darfst jetzt eine Pause einlegen. Dein Kopf bleibt dabei ruhig, aber du darfst natürlich rumschauen.

Zungenstupser

Zum Thema Körpersprache habe ich noch einen Geheimtipp für die Bodenarbeit, den ich dir gerne verraten möchte: Wenn dein Pferd sehr angespannt ist, versuche mal, sanft durch seine Lippen die Zunge anzustossen. Es wird beginnen zu kauen und sich dabei entspannen.

Mein Pferd sendet mir Signale, die ich nun verstehen muss. Dazu gehört, dass es schmatzt, wenn es mir sagen will: Ich habe es kapiert, ich weiss jetzt, was du von mir willst!

*Mein Pferd sendet mir Signale,
die ich nun verstehen muss.*

Achtest du als Reiter auf die grossen und kleinen Zeichen deines Pferdes, werdet ihr als Team besser. Irgendwann passiert es automatisch, dass du seine Signale wahrnimmst. Dein Pferd versteht deine Hinweise auch immer besser und so werdet ihr beide ein relaxtes Team.

Mein Tier immer besser zu verstehen, mit ihm gut kommunizieren zu können, das führt auch zu mehr Gelassenheit und Freude in unserer Beziehung. Und Gelassenheit ist die Geheimwaffe für euren sportlichen Erfolg; nicht nur auf der körperlichen, sondern vor allem auch auf der mentalen Ebene ...

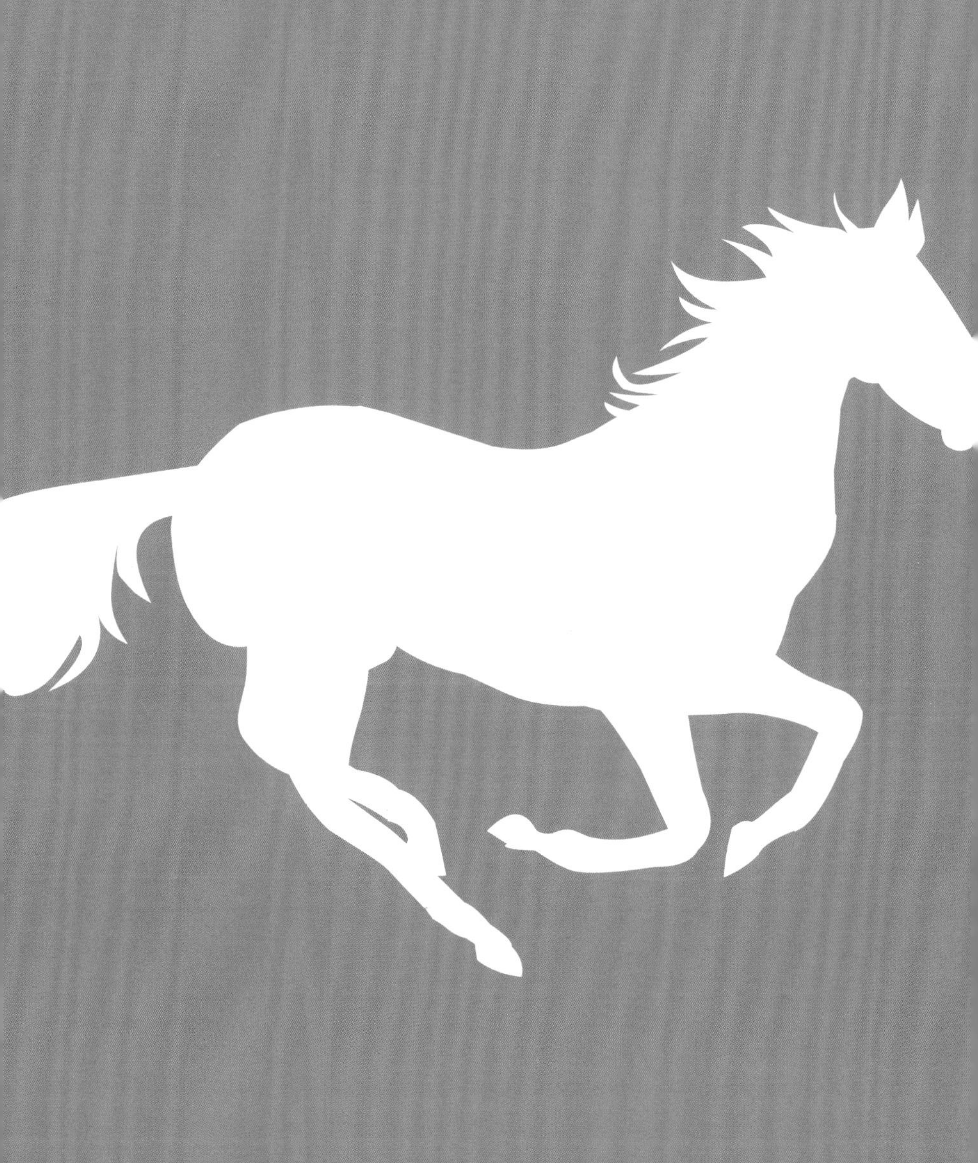

KAPITEL 9:
Gelassen

Auch nach einigen Jahren im Reitsport bin ich vor Wettkämpfen wahnsinnig angespannt. Um trotzdem gelassen zu bleiben, beschäftige ich mich viel mit mentalem Training. Die Entwicklung der eigenen Persönlichkeit wirkt sich auch positiv auf deinen Erfolg im Reitsport aus. Das habe ich definitiv aus den letzten Jahren mitgenommen. Schon deine Einstellung vor einem Turnier kann einen entscheidenden Unterschied machen.

Positiv denken! – Dieser weit verbreitete Tipp meiner früheren Mentaltrainerin hat mir ehrlich gesagt gar nicht geholfen ... *„Du musst alles positiv sehen! Wenn du verinnerlicht hast, dass du die Beste bist, dann gewinnst du auch*“, so ihr Credo.

Ein schöner Gedanke, aber weitergebracht hat er mich nicht: Es gab durchaus Turniere, bei denen ich mir sehr sicher war zu siegen. Und mit dieser Platzhirsch-Mentalität bin ich auch aufgetreten. Ich dachte: ‚Ich habe ein tolles Pferd und jede Menge Talent! Zack, bumm, hier sind wir und wir zeigen euch jetzt mal, was wir drauf haben. Wir gehen als Sieger vom Platz!' Diese Haltung habe ich ausgestrahlt – und bin damit ziemlich auf die Schnauze gefallen. Mein Hochmut wurde bestraft.

Schwamm drüber!

Seit geraumer Zeit arbeite ich mit einem israelischen Mentalcoach zusammen, der die Sache grundlegend anders angeht: In Turnierzeiten telefonieren wir nahezu täglich miteinander und er hat einen komplett anderen Ansatzpunkt. Anstatt mich auf *„Positive Thinking“* einzustellen, programmiert er mein Hirn so, dass ich mir keine Gedanken ums Gewinnen mache. Stattdessen fokussiere ich mich auf die Einzelteile meines Patterns. Ich teile die einzelnen Manöver in separate Parts. Passiert mir ein Fehler, denke ich: ‚Schwamm drüber, mach weiter, es ist noch nichts verloren!‘ Diese Gedanken helfen mir dabei, mich voll und ganz auf mein Pferd einzulassen und mich auf das nächste Manöver zu konzentrieren.

Das bedeutet nicht, dass ich an Selbstvertrauen eingebüsst habe. Im Gegenteil: Ich vertraue auch heute noch meinen Fähigkeiten, aber ich setze auf Demut anstatt Hochmut. Denn wie heisst es so schön: Hochmut kommt vor dem Fall!

Mit dieser Mindwork konnte ich schon einige Siege feiern. Darüber bin ich sehr glücklich, denn Reining ist meine absolute Leidenschaft! Und trotzdem: Ich merke, wie nach und nach der Drang, unbedingt gewinnen zu wollen, nachlässt. Verstehe mich bitte nicht falsch, ich trete bei Wettkämpfen natürlich an, um zu gewinnen – aber nicht um jeden Preis.

Ich merke, wie nach und nach der Drang, unbedingt gewinnen zu wollen, nachlässt.

Ich schaue nun mehr nach links und nach rechts als früher. Ich bin kein Platzhirsch, ich bin nicht wichtiger als andere Sportler.

Sportsgeist im Wettkampf

Ich habe mich von meinem eigenen hohen Ross heruntergeholt und so meinem Erfolg nochmal einen Extrakick verpasst. Das bestätigt meinen Eindruck in der gesamten Reitsportszene: Je höher das sportliche Niveau, desto weniger Ellenbogen werden ausgefahren. Gerade in den Profikreisen herrscht der Sportsgeist, den ich im Breitensport, bei Einsteigern, oft vermisse. Dort ist häufig eine *„jeder gegen jeden"*-Mentalität verbreitet. Ich bin nicht perfekt, um Gottes willen, das will ich damit gar nicht sagen.

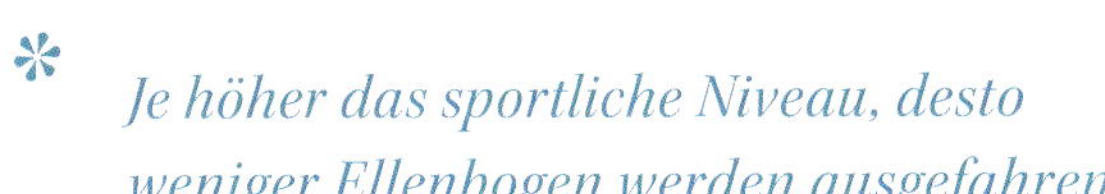

Aber ich finde es sehr wichtig, nicht nur dein Tier fair und mit Respekt zu behandeln, sondern auch untereinander als Reitsportler, als Konkurrenten respektvoll und nett miteinander umzugehen. Dazu gehört, sich vom eigenen Ego zu lösen, sich auch in die anderen hineinzuversetzen: Wie würdest du gerne behandelt werden?

Fairness und Respekt sind für mich bedeutende Werte, insbesondere im Sport. Den anderen Sportlern auf Augenhöhe zu begegnen, gehört einfach dazu.

Gelassen statt verbissen

Das heisst nicht, dass du nun als Einsteiger auf deine Trophäe verzichten solltest, nur um es anderen recht zu machen. Aber gerade in meiner Position würde ich in 99 Prozent der Fälle bei einem Unentschieden die Trophäe abgeben. Weil ich schon genügend viele Siege feiern durfte.

Ich habe Spass am Gewinnen, definitiv, aber mit dieser Haltung an Wettkämpfe heranzugehen, gelassen anstatt verbissen, hat so viele Vorteile. Deswegen kann ich dir nur raten: Nimm eine demütige Haltung an. Denn erst so, mit der Kraft der Gelassenheit, kannst du selbst über dich hinauswachsen. Indem du loslässt. Das gilt nicht nur für die technische Ausführung des Reinings, nicht nur für den Reitsport an sich, sondern für das ganze Leben.

Ich habe für mich erkannt: Je weniger ich Siege jage, desto erfolgreicher bin ich. Weil ich nicht mehr gehetzt und unter Druck an den Start gehe, sondern meinen Fokus konzentriert auf meine Manöver richte.

Ich habe für mich erkannt:
Je weniger ich Siege jage,
desto erfolgreicher bin ich.

Das habe ich vor zwei Jahren auf einem grossen Turnier in Augsburg festgestellt: Dort konnte ich an zwei Folgetagen in zwei verschiedenen Kategorien starten. Donnerstag lag mein voller Fokus auf dem anstehenden Pattern. Wir haben gewonnen! Aber anstatt mein Ego zu gross werden zu lassen, hiess es einen Tag später Neustart und volle Konzentration. Manöver für Manöver. Immer irgendwo zwischen nervöser Anspannung und Gelöstheit. So konnten mein Pferd und ich an zwei Tagen aufeinander abräumen. Wir waren im Flow.

Verschmolzen im Flow

Wie ein solcher Flow gelingt? Indem du den Druck raus- und eine demütige Haltung annimmst. Klingt einfacher gesagt als getan. Sieh es mal so: Wenn du gewinnst, dann freust du dich. Der Sieg ist die Gegenwart und ja, ich freue mich über Siege! Am nächsten Tag ist der Sieg aber schon vorbei. Du hast gewonnen. Aber das ist Vergangenheit – und dein Wettkampf, der „*Kampf*“ startet von Neuem.

Wenn du dir dessen bewusst bist, einen Schritt zurücktrittst und wirklich reflektierst: Wie reitest du dein Pferd? Wie fühlt es sich an? Was machen deine Gedanken in den entscheidenden Augenblicken? Dann nimmst du den Druck raus und zentrierst deinen Fokus. Du richtest dich nicht mehr nur auf SIEG aus, sondern auf das WIE. Du wirst weicher. Und überträgst das auf dein Pferd. So werdet ihr unschlagbar!

Ich setze mir immer noch Ziele, hohe Ziele, aber ich habe gemerkt: Je mehr ich mich zurücknehme, je demütiger ich gegenüber dem eigenen Erfolg geworden bin, desto erfolgreicher bin ich.

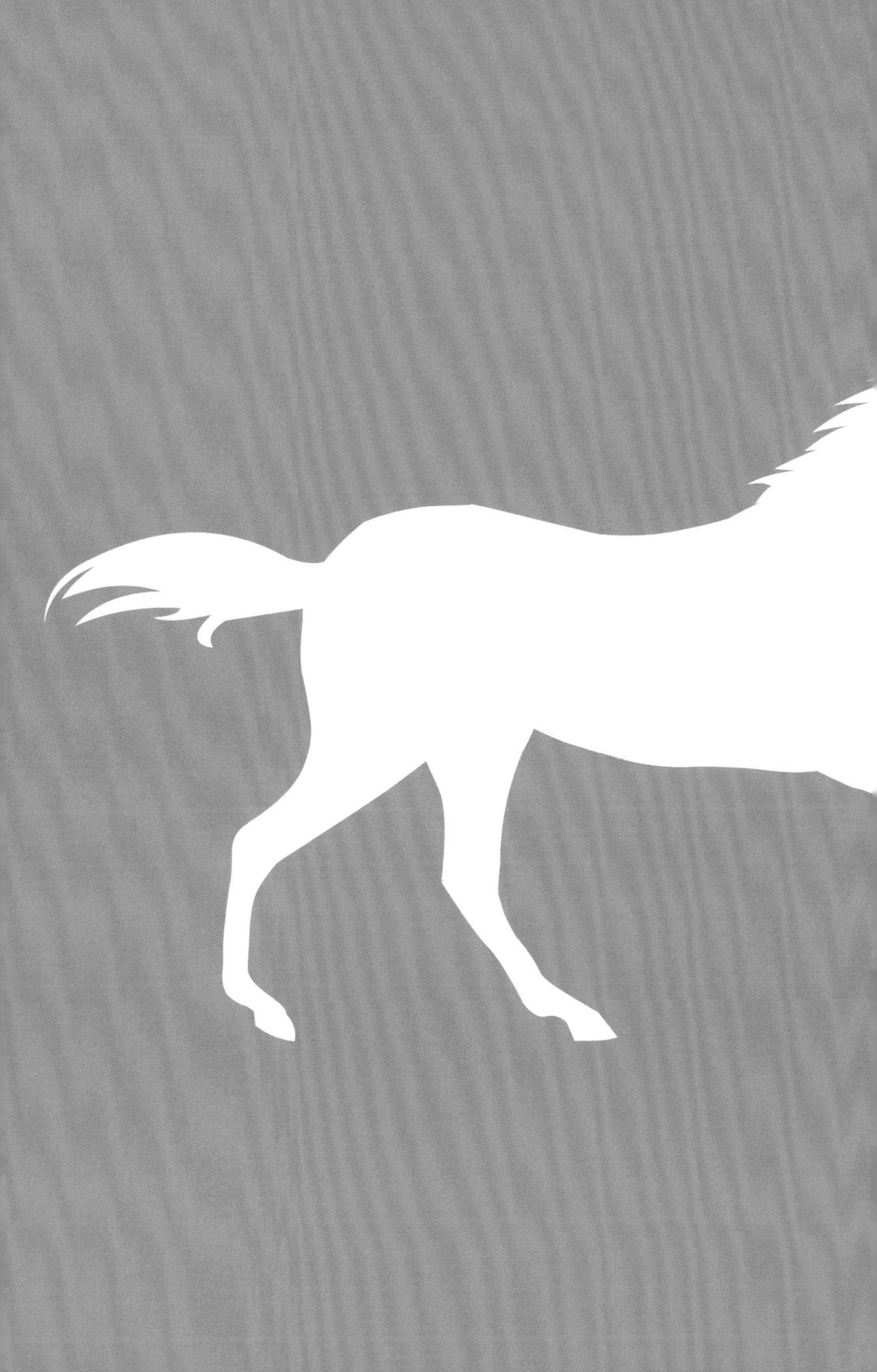

KAPITEL 10:
Unschlagbar

Was ist es nun, mein Geheimnis wahrer Reitkunst? In den letzten Kapiteln habe ich dich durch die verschiedenen Elemente meiner Philosophie geführt. Sie beinhaltet mein Wissen über Pferde, meine Erfahrungen als Teil von einem unschlagbaren Duo und mein Verständnis von der Beziehung zwischen Pferd und Mensch im Reitsport.

Ich habe dieses Buch geschrieben, weil ich unbedingt mit dir teilen wollte, was mich wirklich weitergebracht hat. Und ich hoffe, dass meine Philosophie auch für dich, die Beziehung zu deinem Pferd und deinen sportlichen Erfolg hilfreich ist.

Ich habe dieses Buch geschrieben,
weil ich unbedingt mit dir teilen wollte,
was mich wirklich weitergebracht hat.

Ein Reiter hat aus meiner Sicht die Chance, mit seinem Pferd zu einem unschlagbaren Duo zu verschmelzen, wenn es ihm gelingt, Folgendes zu berücksichtigen:

Wenn du an dem Punkt bist, dass du dich weiterentwickeln möchtest, steht am Anfang immer die Analysearbeit. Traue dich, deine jetzige Beziehung zu deinem Pferd zu hinterfragen. Nutze dabei die Sicht von Aussenstehenden, die nochmal einen ganz eigenen Blick auf dich und dein Pferd haben werden. Sei nicht zu stolz, dir Hilfe zu holen. Sobald du dafür offen bist, wirst du merken: Es gibt für jedes Problem erfahrene Menschen, die ihr Wissen gerne mit dir teilen.

Keine Kompromisse

Und da zu einem Duo immer zwei gehören, reicht es nicht aus, nur deine Rolle als Reiter zu reflektieren. Jedes Pferd hat seine eigene Geschichte – und bringt ganz eigene Talente, Charakterzüge und Eigenheiten mit. Ich habe mit der Zeit gelernt, dass Wallache nicht so gut zu mir passen. Die Chemie stimmt einfach nicht. Mir fehlt bei ihnen der Drive, ich möchte sie nicht jeden Tag überreden müssen. Dafür liebe ich die Arbeit mit Stuten, die als schwieriger gelten. Und so hast du bestimmt auch Vorlieben, was die Auswahl deines Pferdes angeht. Hier darfst du dir unbedingt treu bleiben und keine Kompromisse eingehen.

„Wie kommst du eigentlich immer zu deinen tollen Pferden?" – Diese Frage wurde mir schon häufiger gestellt. Ehrlich gesagt: Dahinter steckt überhaupt kein ausgeklügelter Plan. Irgendwie haben meine Pferde bisher immer mich gefunden. Unsere Wege haben sich durch den einen oder anderen Zufall gekreuzt. Ich möchte dir also mit auf den Weg geben: Halte die Augen offen, wer weiss, wo dir dein nächstes Pferd begegnet!

Du darfst darauf vertrauen, dass du ein Pferd findest, das charakterlich super zu dir passt. Du solltest für die Eigenheiten deines Pferdes sensibel sein und beim Umgang mit ihm stets berücksichtigen, wie es tickt. Genauso darfst du in deine Fähigkeiten als Reiter vertrauen. Nach einem Tiefpunkt ist es der Glaube an mich selbst, in mein Können, der mich ermutigt, weiterzumachen und für den nächsten Höhepunkt meiner Karriere zu trainieren. Mir ist es aber auch wichtig zu betonen, dass du nicht alles alleine schaffen musst!

Vertraue Menschen in deinem Umfeld, baue dir ein Team auf – und erlaube ihm, dich zu entlasten, indem du Verantwortung abgibst.

Du darfst darauf vertrauen,
dass du ein Pferd findest,
das charakterlich super zu dir passt.

Behandle die Menschen und die Pferde aus deinem Team fair – und sie werden es dir hundertfach zurückzahlen. Das ist einer meiner Grundsätze, von denen ich fest überzeugt bin.

Fair gegenüber deinem Pferd ist es, seine Grenzen zu respektieren. Ihm die Pausen zu gönnen, die es braucht. Und natürlich sollst du auch deine Grenzen gegenüber deinem Pferd wahren. Es als Teampartner auf Augenhöhe wahrnehmen, ohne zu vergessen, wer Mensch und wer Pferd ist. Als Sportler möchte ich dir ans Herz legen, dem Ehrgeiz nicht zu viel Raum zu geben, dagegen den Sportsgeist unter den Athleten hochzuhalten.

Leicht und kraftvoll

Berücksichtigst du diese Aspekte, wird die Beziehung zu deinem Pferd weiter wachsen. Und je enger eure Beziehung ist, je besser ihr aufeinander eingestellt seid, desto erfolgreicher werdet ihr sein. Ein unschlagbares Duo eben …

Wie fühlt es sich an, wenn eure Beziehung harmonisch ist? Was spürst du, wenn dein Pferd und du miteinander verschmolzen seid? Es fühlt sich in erster Linie leicht an. Ich spüre die Kraft, die Athletik, die Stärke des Tieres unter mir – und trotzdem ist alles gelöst. Ich merke, dass das Pferd auf meine Impulse genau so reagiert, wie ich das möchte. Wir sind perfekt aufeinander abgestimmt, ohne dass Perfektion in der Leistung mein Ziel war. Ich führe, aber nicht ruckartig, sondern ganz geschmeidig. Beide Körper sind gelassen, wie bei einem Tanz. Jede Bewegung geht Hand in Hand, das Pattern läuft weich, der Schwung trägt uns von einer Bewegung zur nächsten. Das Pferd, ich, wir als Team wachsen über uns hinaus.

Das Ziel …

„Warst du schon immer so gut?" fragte das Mädchen mich. In ihrer Stimme lag Anerkennung, Bewunderung. In ihrem Blick erkannte ich den Ehrgeiz und die Leidenschaft.

Sie erinnerte mich an mich früher, in meinen ersten zehn Jahren als Reiterin: eine gute Reiterin, technisch talentiert, die einzige Erfolgsbremse war mein eigener Wille. Der Ehrgeiz bremste mich und die Leistung meiner Pferde oftmals aus. Obwohl ich meine Pferde über alles liebte, fehlte das Gefühl. Die Leichtigkeit, die Harmonie, der Fluss – das, was auch von aussen zu bemerken war.

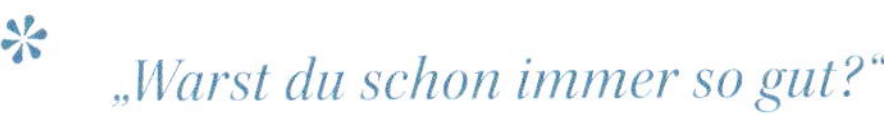

Das Mädchen sah mich erwartungsvoll an, im Hintergrund lief laute Musik, ab und an war das Wiehern der Tiere zu hören. Die Prüfung war vorbei und wir standen am Rand der Reithalle auf dem sandigen Boden. In meiner Hand eine Buckle. Die junge Sportlerin hatte mich abgepasst, um mir diese Frage zu stellen und ich fühlte mich geschmeichelt, auch ein bisschen verlegen.

Ich erinnerte mich an die junge Adrienne, die unerfahrene, aber begeisterte Athletin – in Topform, mit viel Temperament und Fokus, aber auch viel Druck und Selbstzweifel. Und musste bei diesen Erinnerungen lachen: *„Nein, natürlich nicht!"*

Von klein zu gross

Im Zeitraffer durchflog ich meine Kindheit: Als Vierjährige war ich selbst ein Pferd, mit sechs Jahren nahm ich auf dem Rücken meiner Lieblingstiere an den ersten Turnieren teil. Damals noch in kindlicher Leichtigkeit, spielerisch, voller Freude, aus reinem Spass. Zunächst auch nur national, in meinem Heimatland, der Schweiz.

Ich erinnere mich noch an ein Turnier im Pferdezentrum in Bern. Ich war zehn Jahre alt – und mit Abstand die jüngste Teilnehmerin. Alle anderen Reiter waren zwischen 15 und 18. *„Da hab ich ja gar keine Chance …"* beschwerte ich mich bei meiner Familie. Aber ich hatte Spass auf den Wettkämpfen, auch als jüngste und kleinste Reiterin. Die anderen Reiter akzeptierten mich immer, ich glaube, ich war schon immer ein recht umgänglicher Typ. *„Herzig,"* nannten sie mich, wenn ich da als Küken inmitten der Grossen, der älteren Reiter stand und irgendwie gefiel mir das auch. Ich fühlte mich wohl, wir hatten eine gute Zeit. Und noch keinen Plan, was wir da eigentlich taten. Ich zumindest nicht.

Ich fühlte mich wohl, wir hatten eine gute Zeit. Und noch keinen Plan, was wir da eigentlich taten.

Ambitionen, das Feuer, den Siegeshunger entwickelte ich erst als Teenagerin. Mit 13 Jahren nahm ich das erste Mal am Youth World Cup teil.

Ich ritt Turniere in allen möglichen Disziplinen des Westernreitens: Trail, Pleasure, Horsemanship, Showmanship, Western Riding, Cutting. Mit 16 Jahren spezialisierte ich mich dann voll und ganz aufs Reining. Mich faszinierte schon damals diese Leichtigkeit. Das Spiel von körperlicher Anspannung und Entspannung. Die Gleichzeitigkeit vom kontrollierten Führen und dem vertrauensvollen Loslassen.

Ich schulte mein Körperbewusstsein, lernte, das Pferd zu kontrollieren. Durch die Kombination aus meinem sportlichen Ehrgeiz und dem Kampfgeist rutschte ich in dieser Phase oft zu stark in die Kontrolle. Du erinnerst dich vielleicht an die Mahnung des Mannes, der mich nach einer Prüfung in der Reithalle vom Pferd herunterholte, als ich versuchte, meinen Plan doch noch durchzusetzen, mit Scheuklappen vor den Augen, hart und ohne Rücksicht auf das Tier: *„Hey, jetzt ist es aber mal gut, oder?"*

Erfolg ist ein Prozess

All diese Erinnerungen kamen in mir hoch, als die junge Reiterin mich ansprach. Und aus diesen Gedanken heraus antwortete ich: *„Nein, natürlich nicht. Es ist ein Prozess."*

Ich habe mich länger mit dieser Reiterin unterhalten, weil ich den Austausch mit anderen Athleten generell schätze und weil ich selbst weiss, wie wertvoll inspirierende Erfahrungen von erfahreneren Reitern, Trainern, Profis sind. Deswegen schreibe ich dieses Buch; um mein Wissen, meine Erfahrungen auch mit dir zu teilen. Die Erkenntnisse, die ich aus meinem eigenen Weg gewonnen habe. Die mich dahin gebracht haben, wo ich heute bin.

Aber wenn ich nur die wichtigste Botschaft vermitteln dürfte, dann hätte ich diesem Mädchen dasselbe empfohlen, was ich dir empfehle: Respektiere, vertraue und sei fair.

Respektiere, vertraue und sei fair.

Dieser Dreischritt klingt so einfach, ist aber gar nicht so leicht. Ich bin absolut überzeugt, dass das der Schlüssel ist. Für Profisportler, für Einsteiger, für Breitensportler und Reiter, die schon ihr ganzes Leben auf dem Rücken der Pferde verbringen. Auch für mich. Die Persönlichkeit deines Pferdes zu erkennen, eine gute Beziehung aufzubauen und weiterzuentwickeln ist ein ewiger Prozess. Das gilt für zwischenmenschliche Beziehungen ebenso wie für die Reiter-Pferd-Beziehung.

Deswegen: Analysiere, wo du stehst, behalte die Offenheit, dich und dein Verhalten, deine Wünsche, deine Pläne und Gedanken zu hinterfragen – und komme dann in die Umsetzung. Ändere deine Gedanken, versuche, loszulassen, zu vertrauen, dich fallen zu lassen, Neues auszuprobieren.

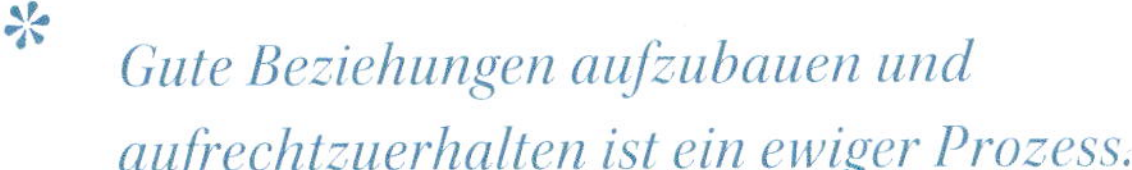

Sei mutig, etwas zu verändern, sei mutig, dich weiterzuentwickeln, sei mutig, gross zu träumen, sonst wird sich nichts verändern. Nichts entwickeln. Sonst werden sich deine Träume auch nicht erfüllen.

An was denkst du morgens als Erstes, wenn du aufwachst? Für was stehst du auf? Ich frage mich jeden Tag aufs Neue: Was tue ich heute, um noch besser zu werden? Ich investiere meine Zeit in meine eigene Entwicklung. Und ich träume noch immer gross. Mein nächster grosser Traum? Noch besser mit meinem Pferd zu werden. Aber auch, einen Beitrag zu leisten und Menschen zu inspirieren.

Ort des Austauschs – werde Teil meiner Community!

Was ich noch auf meinem bisherigen Weg gelernt habe, ist, dass es einfacher wird, wenn du diesen gemeinsam mit anderen gehst. Mit Menschen, die deine Leidenschaft teilen, die die gleichen Werte leben, die offen für Austausch sind.

Und deswegen freue ich mich auf genau diesen Austausch mit dir, mit euch. Mit Menschen, die Lust haben, neu zu denken, alte Denkmuster aufzubrechen, die gemeinsam etwas bewegen wollen in ihrem Sport! Ich möchte mit euch diskutieren: über wahre Reitkunst, über den Reitsport an sich, über Muster, die sich in der Szene eingeschlichen haben. Dinge, die *„man eben so macht"*, die *„man eben weitergibt"*, Dinge, die vielleicht funktionieren, die aber auch besser gehen.

Ich freue mich auf den Austausch mit Menschen, die Lust haben, neu zu denken, alte Denkmuster aufzubrechen, die gemeinsam etwas bewegen wollen in ihrem Sport!

Der erste Schritt ist meiner Meinung nach, sich dessen bewusst zu werden. Das Bewusstsein zu entwickeln, dass sportlicher Erfolg und das Wohl der Pferde vielmehr ein Zusammenspiel ist als ein Gegensatz. Und ich bin überzeugt, dass nicht nur du und ich, sondern der Grossteil der Reiter eben genau so denken und sich dafür einsetzen möchten.

Meine Vision ist, einen Anlaufpunkt für diese Menschen, für uns alle zu schaffen. Einen Ort, an dem wir uns austauschen, unsere Erfahrungen teilen, von persönlichen Erlebnissen berichten und uns gegenseitig unterstützen. Eine Gemeinschaft, mit Hilfe derer wir alle unser volles Leistungspotenzial ausschöpfen können. Unschlagbar werden – mit unserem Pferd, in unserem Lieblingssport!

Dieser Ort, dieser Treffpunkt, dieses Kollektiv ist gerade im Aufbau. Ich bin mittendrin in dem Prozess, er ist Teil meiner ganz eigenen Reise. Und ich freue mich sehr, wenn du ebenfalls ein Teil davon wirst, deine Ideen mit einbringst, deiner Stimme Ausdruck verleihst und deine persönlichen Erkenntnisse aus Fehlern und Erfolgen mit uns teilst!

Wann bist du dabei?

EPILOG

Wenn ich auf einem Pferd sitze, kann ich in wenigen Minuten sagen, ob wir zusammenpassen oder nicht. Clark habe ich seit zwei Monaten. Ein junges, cooles Pferd, ein gutes Pferd. Aber jeder reitet ein bisschen anders. Die Reiterin, die ihn vorher geritten hat, hat einen anderen Stil, eine andere Technik, gibt andere Anweisungen als ich. Deswegen ist es so wichtig, dass ich jetzt eine Beziehung mit ihm aufbaue.

Er versteht mich noch nicht. Anfangs habe ich richtig gemerkt, dass er nicht kapiert hat, was ich wollte.

Unsere Schwachstelle sind Stopps. Er gibt sich Mühe, versucht, es richtig zu machen ... und verliert das Gleichgewicht. Auch das richtige Tempo zu finden ist ein Lernprozess, bei dem er schon mal unkontrolliert durch die Halle rennt.

Vor zwanzig Jahren wäre ich sauer geworden, vielleicht sogar grob geworden, ich hätte versucht, mein Ding durchzuziehen, hätte wahrscheinlich zu viel verlangt. Heute respektiere ich seine Persönlichkeit, vertraue seinem Können und gebe Clark den Raum, sich zu entwickeln und die Zeit, um mich zu verstehen.

„Hey, schau, hier will ich dich haben. Steh." Wenn er es versteht, steige ich ab, lobe ihn und schliesse das Training mit einem positiven Erlebnis ab.

Wir kommunizieren immer noch nicht perfekt, aber wir bauen eine gute Beziehung auf. Er fängt an, zu kapieren, was ich von ihm will, wenn ich bestimmte Hilfen gebe. Er ist relaxter und weicher. Er fängt an, mir zu vertrauen und ich merke immer deutlicher, wie viel Potenzial in ihm steckt.

Deswegen gehen wir gemeinsam Schritt für Schritt. Und die Erfolge, auch wenn sie noch so klein sind, sind das Schönste. Die Minuten, in denen wir perfekt harmonieren, in denen es ganz leicht geht, in denen wir miteinander tanzen. Es gibt sie und sie werden immer länger. Das pusht mich extrem. Wir geben uns diese Zeit. Und ich freue mich über diese Zeit, in der wir immer mehr zu einem Duo verschmelzen. Ich geniesse sie in vollen Zügen.

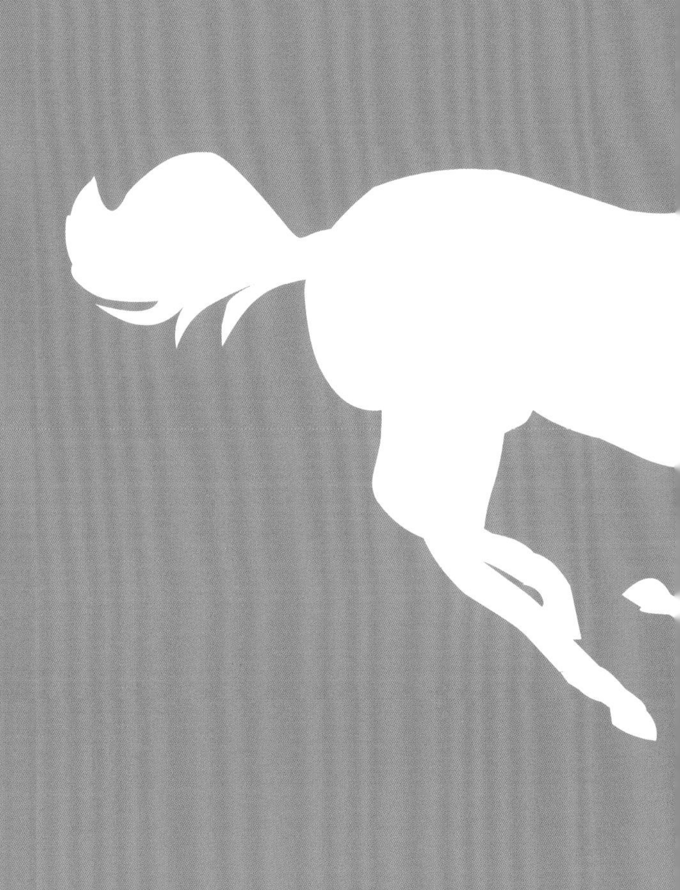

Über die Autorin

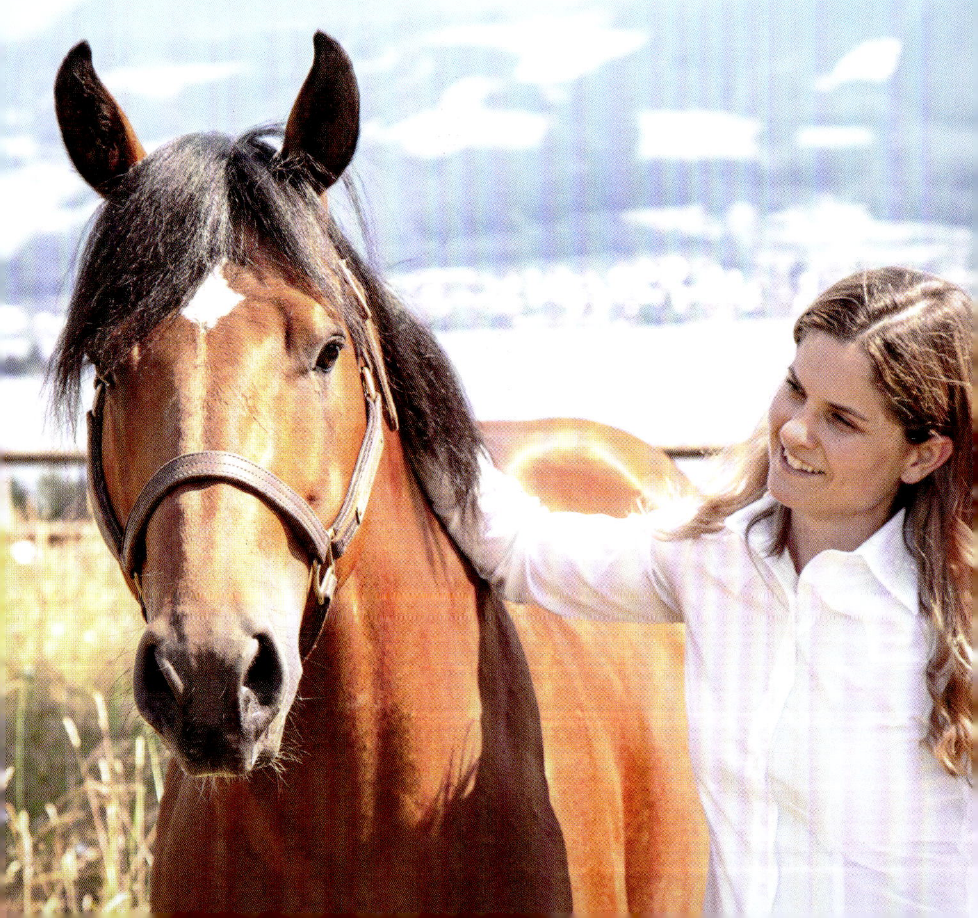

Pferde sind ihr Leben, ihre Leidenschaft – und ihr Job. Adrienne Speidel ist eine bekannte Westernreiterin. Von Kindheit an auf dem Rücken der Pferde, hat sich die erfolgreiche Sportlerin seit über 20 Jahren auf das Reining spezialisiert und räumt in dieser Disziplin regelmässig Championtitel ab. Europaweit zählt sie zu den fünf besten Non-Pro-Reitsportlern im Reining.

Vor rund zehn Jahren übernahm die gelernte Dekorationsgestalterin Adrienne Speidel den elterlichen Hof Hotwiel im schweizerischen Hombrechtikon und führt ihn seither als alleinige Geschäftsführerin.

Siege, Niederlagen und die Arbeit mit erfahrenen Profitrainern – Adrienne Speidel hat aus eigenen Fehlern gelernt und im Laufe ihrer langjährigen Reitkarriere eine eigene Philosophie für ihren Erfolg entwickelt. Ihre Philosophie hebt sich von alten Denkmustern der Reitsportszene ab und öffnet neue Wege, um das volle Potenzial des Pferdes zu entfalten. Im Vordergrund steht dabei die Beziehung zwischen Reiter und Pferd.

Denn Adrienne ist überzeugt: Sportliche Leistung und das Tierwohl gehen Hand in Hand! In ihrem ersten Buch teilt die Westernreiterin das Geheimnis ihres Erfolgs, das Geheimnis wahrer Reitkunst.

DANKE

Was mir noch am Herzen liegt, ist, mich zu bedanken:
Danke an meine Familie, dass ihr mich so liebt und nehmt, wie ich bin.

Danke an mein Team für euer Vertrauen und euren unermüdlichen Einsatz. Ohne euch könnte ich meinen Traum nicht leben!

Danke auch an meine liebe Freundin Nadia, dass du mich immer mit offenem Herzen empfängst und mich unterstützt.

Danke Gil, dass du immer an mich glaubst! Du inspirierst mich jeden Tag aufs Neue, gross zu träumen!

*

„Man sieht nur mit dem Herzen gut.
Das Wesentliche ist für die Augen unsichtbar."
– Antoine de Saint-Exupéry

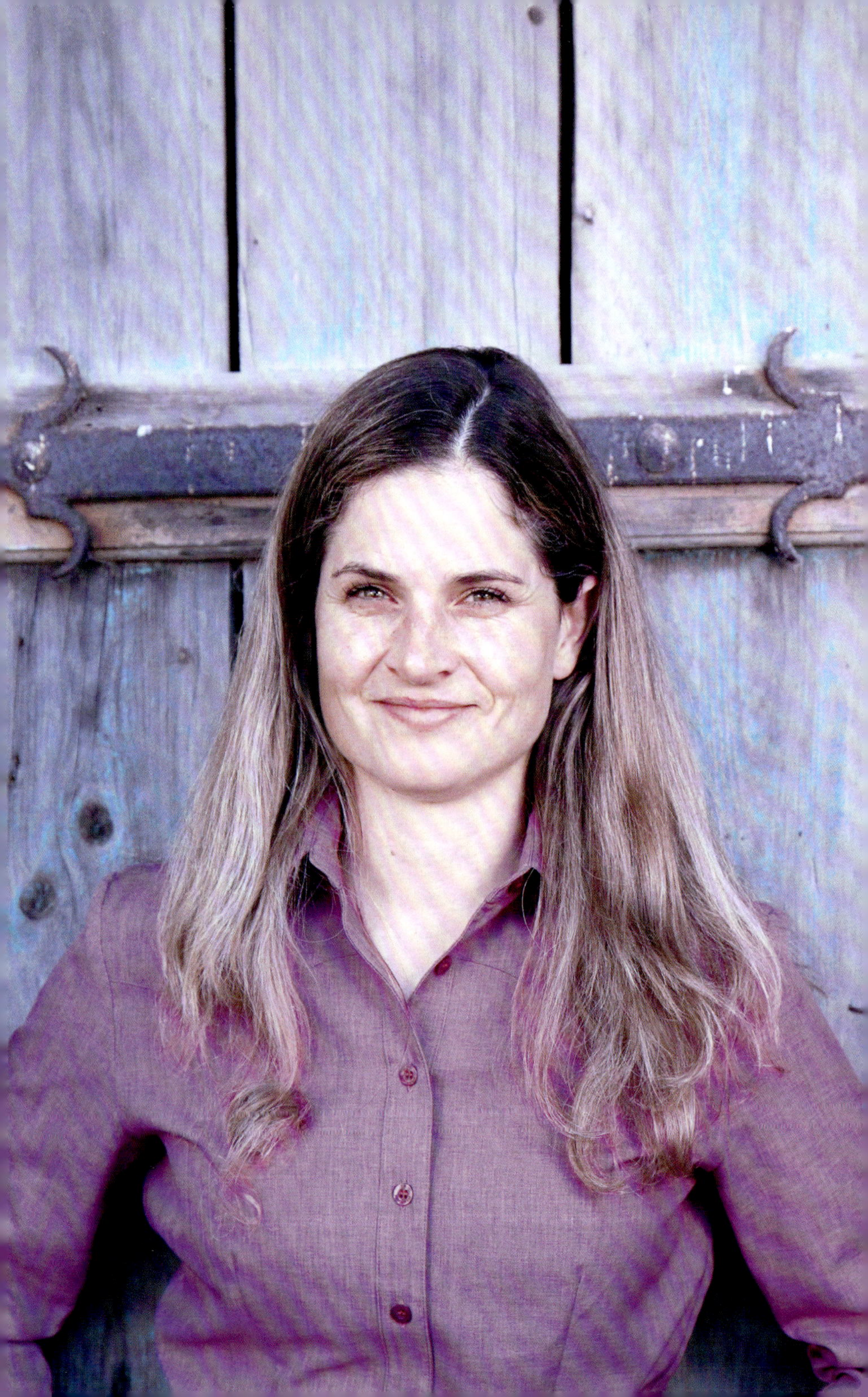

Lasst uns austauschen!

Als Reiter und Profisportler sind wir Vorbilder. Andere nehmen wahr, wie wir mit unserem Pferd umgehen, wie wir es reiten, wie wir für es sorgen. Wir müssen uns immer wieder bewusst machen: Als Reiter prägen wir unsere eigene Kultur. Das ist unsere Verantwortung.

Und weil wir Vorbilder sind, sollten wir auch vorbildlich mit unserem Pferd umgehen. Anderen zeigen, dass er gelingt: der Einklang zwischen Mensch und Tier.

Ich bin davon überzeugt, dass nicht nur du und ich dieses Verständnis unseres Sports teilen. Unsere Community ist gross – mir fehlt allerdings der Austausch untereinander. Das möchte ich ändern …

Ich möchte mich gerne mit dir vernetzen, eine Gemeinschaft unter gleichgesinnten Reitern aufbauen, Austausch ermöglichen. Ich möchte mit dir ins Gespräch kommen, aktuelle Herausforderungen – und vor allem Lösungsmöglichkeiten – diskutieren. Auf meiner Website findest du dazu passende Möglichkeiten. Gerne möchte ich dich einladen, meinen Blog zu besuchen und zu abonnieren. Dort liest du neben meinen Gedanken auch spannende Artikel von unterschiedlichen Gastautoren:
www.adriennespeidel.ch

Ich würde mich jedenfalls riesig freuen, wenn wir uns vernetzen. Bis hoffentlich bald!

Deine Adrienne